ars vivendi

Nicole Dietrich · Antje Schmelke-Sachs

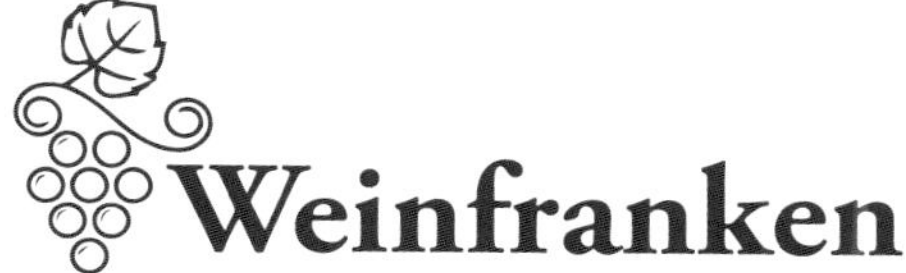

Die schönsten Wanderungen, Rad- und Kanutouren
Genuss, Kultur und Weingüter
Einkehrtipps und Weinempfehlungen

ars vivendi

Bei der Realisierung dieses Buches ließen wir größtmögliche Sorgfalt walten. Falls dennoch Informationen falsch oder inzwischen überholt sein sollten, bedauern wir dies, können aber auf keinen Fall eine Haftung übernehmen.

Bildnachweis:
Anna Reinert/Adobe Stock: S. 18; BerndH/WikimediaCommons: S. 30; Berthold Werner/WikimediaCommons: S. 35, 53; cityfoto24/Adobe Stock: S. 14, 38; dina/Adobe Stock: S. 41, 139; Franz Gerhard: S. 140; Fotolyse/Adobe Stock: S. 16, 144; Georg/Adobe Stock: S. 132; haenson/Adobe Stock: S. 23, 61; Martinsachseweinert/WikimediaCommons: S. 8; Quartl/WikimediaCommons: S. 29; Rosenzweig/WikimediaCommons: S. 54; Settembrini/WikimediaCommons: S. 26; Sina Ettmer/Adobe Stock: S. 153; SKatzenberger/istock: S. 13; Swallowtail/WikimediaCommons: S. 137; T. Blesch/WikimediaCommons: S. 43; traveldia/Adobe Stock: S. 150; vom/Adobe Stock: S. 50; WernerHilpert/Adobe Stock: S. 44, 62.
Alle übrigen Fotografien stammen von Nicole Dietrich (S. 64, 69, 70, 74, 77, 78, 83, 87, 89, 90, 94, 98, 101, 104, 108, 111, 113, 116, 122, 125, 126, 130).

Erste Auflage 2020

www.arsvivendi.com

Umschlag, Satz und Karten: Christine Richert, www.typoholica.de
Umschlagfotografien: vorne: © Markus Spiske / frankenfotos.com, hinten: © Nicole Dietrich (links oben u. unten), © Sina Ettmer/Adobe Stock (rechts oben)
Druck: AALEXX Druck Produktion, Burgwedel
Printed in Germany
ISBN 978-3-7472-0119-0

Inhalt

Liebe Leserinnen und Leser,

sonnenverwöhnte Kulturlandschaften, geschichtsträchtige Orte, unverwechselbare kulinarische Spezialitäten – das Weinland Franken bietet schon seit Langem zahlreiche Möglichkeiten für genussreiche und erholsame Entdeckungsausflüge. Dazu ist die Qualität des heimischen Weins und des gastronomischen Angebots in den letzten Jahren noch einmal um einiges gestiegen. Dementsprechend groß und vielfältig ist auch das Angebot, das der *Fränkische Weinland Tourismus* sowie die einzelnen Weingüter, Vinotheken und Restaurants den Besucher:innen und Einheimischen rund um den Wein (und darüber hinaus) zur Verfügung stellen.

Für diesen Band haben wir uns deshalb gegen einen möglichst allgemeinen Überblick über Weinfranken und stattdessen für ausgewählte »Lieblingstouren« entschieden, die, ganz einfach gesagt, zu unseren persönlichen Favoriten gehören und die wir deshalb mit Ihnen teilen wollen, die sich auf den Ausflügen mit Gästen immer wieder bewährt haben – und Ihnen auch ermöglichen sollen, Ihren Urlaub möglichst flexibel einzuteilen, egal ob Sie eine eintägige oder eine mehrtägige Reise geplant haben. Bitte beachten Sie dazu in den jeweiligen Kapiteln auch immer wieder unsere Hinweise zu Abstechern sowie kürzeren oder längeren Tourenvarianten.

Wir wünschen Ihnen eine unvergesslich schöne Zeit in Weinfranken und viel Freude mit unserem Buch!

Die Autorinnen und der Verlag

Falls Sie Anmerkungen und Korrekturvorschläge für uns haben – oder einfach Ihre Erlebnisse mit uns teilen wollen, melden Sie sich gerne bei uns:
Verlag: www.arsvivendi.com, info@arsvivendiverlag.de
Nicole Dietrich: www.mee-und-wengert.de, weinerlebnis@gmx.de
Antje Schmelke-Sachs: www.sachs-weinreisen.de,
www.sachs-genussatelier.de, info@sachs-weinreisen.de

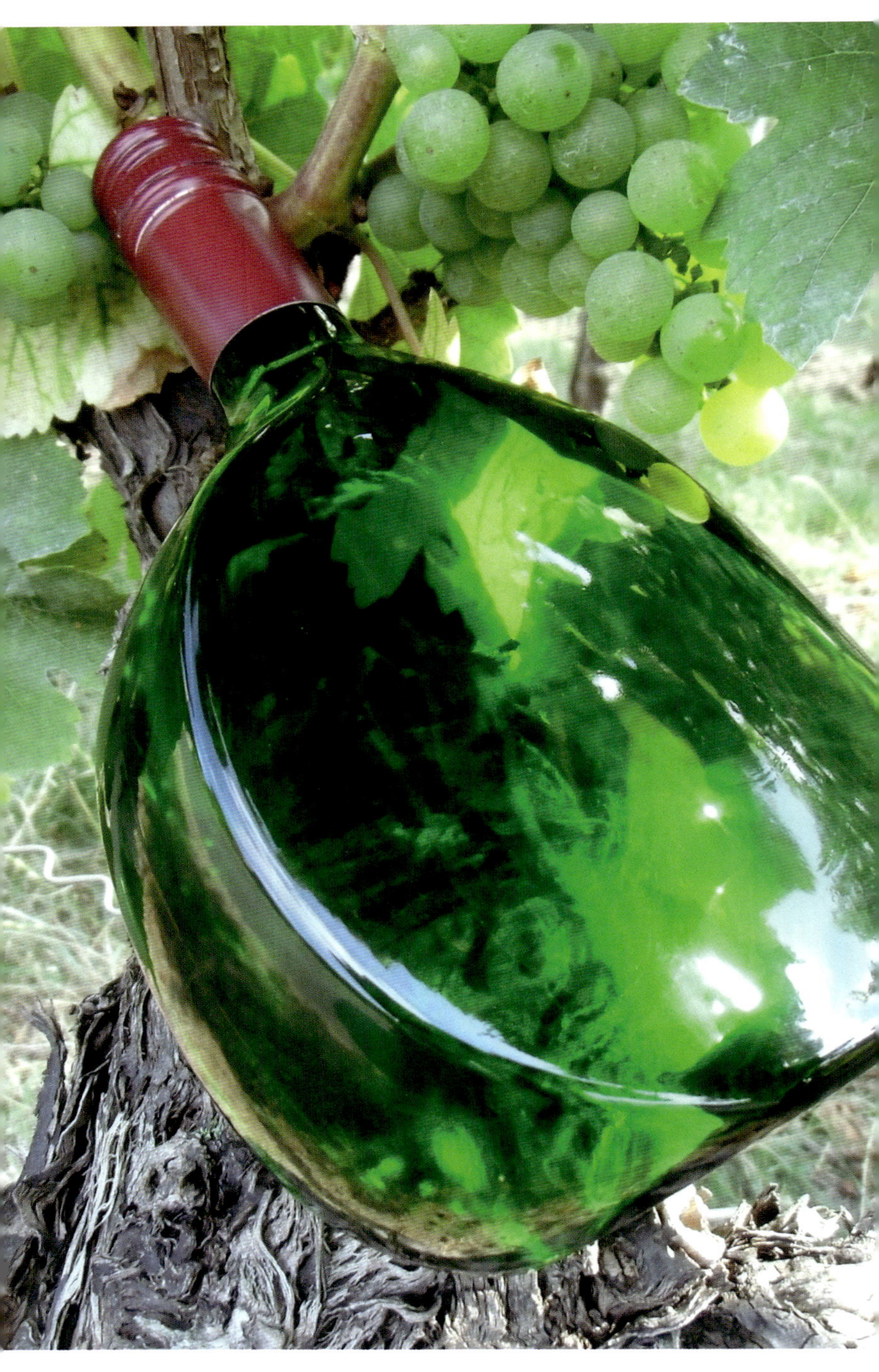

Einzigartig in der Weinwelt: der fränkische Bocksbeutel (hier in der neuen PS-Form)

Als Einstieg

Tour de Frankenwein mit Insidertipps von Frickenhausen bis Volkach

Tour 1

Viele Jahre als Sommelière meines eigenen Restaurants und unzählige private Ausflüge in die spannendsten Weinlandschaften Frankens haben meine Leidenschaft, den Wein, stets vereint. Die Entwicklung des Frankenweins, welche ich dabei in den letzten Jahren miterleben durfte, ist enorm. Das Potenzial ist und war immer da. Großartige Weinlagen vor fast jeder Haustüre, der Fluss, der uns die nötige Reflektion bringt, die Sonne, von der wir hier in Weinfranken so oft und gerne verwöhnt werden, junge Generationen, die sich im elterlichen Weingut einbringen dürfen.

Wichtig auch ist die Zeit, die die Winzer ihren Kindern in den letzten Jahren gaben und geben konnten. Zeit, die Welt zu entdecken, Erfahrungen in anderen Weinbauregionen zu machen. Vertrauen. Aber dennoch auch Freiraum. Das sind Faktoren, die dafür Sorge tragen, dass die fränkische Weinwelt, wie auch die in den umliegenden deutschen Gebieten, wuchs. Nicht in der Fläche, eher in der Qualität. Es sind derart differenzierte Weinbaustile in den Weingütern entstanden, schmeckbare Stile, die es hochgradig spannend machen, sich heute durchs fränkische Weinland zu probieren.

Der Ruf des altbackenen, staubtrockenen, erdigen Frankenweines ist längst überholt. Heute dürfen wir hier filigrane Tropfen genießen, manche mit zartem Fruchtspiel, manche mit deutlich erkennbaren Naturaromen, und so einige gibt es auch, in der die alte Tradition nach wie vor deutlich zu spüren ist: erdig, aber auch sehr tiefsinnig.

Jeder Winzer hat bekanntlich so seine eigene Philosophie. Manche Weine mögen jung getrunken werden, andere wiederum brauchen einfach ihre Zeit. Zeit, die wir ihnen dann auch geben sollten.

Alles, was die Tropfen in den Kellern Weinfranken ausmacht, hier zu offenbaren, würde den Rahmen sprengen. Der ein oder andere meiner Tipps soll nun aber dennoch nicht mein Geheimnis bleiben. Genießen Sie, wenn Sie mögen, einen Ausschnitt der Weinwelt Franken von Marktbreit bis Volkach mit meinen Augen.

Diese Tour ist mit dem Auto möglich, aber ebenso auf Radwegen bestens ausgeschildert und machbar. Der Main übt eine besondere Anziehung aus und lässt auf meiner beschriebenen Route auch bequeme, nicht zu langwierige Abstecher zu.

Das Weinfrankenland ist groß, und es gäbe noch viele Regionen, in denen sich eine ähnliche Tour planen ließe. Ganz sicher ist jedes Weingut in Franken eine Reise wert. Und wo guter Wein wächst, ist oft auch feine Kulinarik nicht weit. Fast jeder Ort hat ein gutes Gasthaus. Wer guten Wein macht, weiß auch gutes Essen zu schätzen. Fragen Sie die Winzer nach ihren kulinarischen Geheimtipps. In den Weinorten bieten zudem zertifizierte *Gästeführer Weinerlebnis Franken* (zu denen auch meine Autorenkollegin Nicole Dietrich gehört) ihre Touren an und zeigen Ihnen die schönsten (und vielleicht auch noch unentdeckte) Stellen in der Weinlandschaft. Sommeliers wissen in Gourmetrestaurants ihre persönlichen Geheimnisse auszuplaudern. Fast alle fränkischen Weingüter laden das ganze Jahr über zum Verkosten ein. Natürlich kann man spontan sein, aber eine Anmeldung zur Weindegustation sieht der Winzer auch gerne. Schließlich ist sein Arbeitsplatz der Weinberg, den er für interessierte Kunden und eine gemeinsame Weinprobe aber auch verlässt. Ob Sie einen Tagesausflug als Weineinkaufstour, Gasthaus-Hopping oder einfach nur zum Kennenlernen der fränkischen Weinberge wählen – Sie haben einige Möglichkeiten, oder eben die Qual der Wahl.

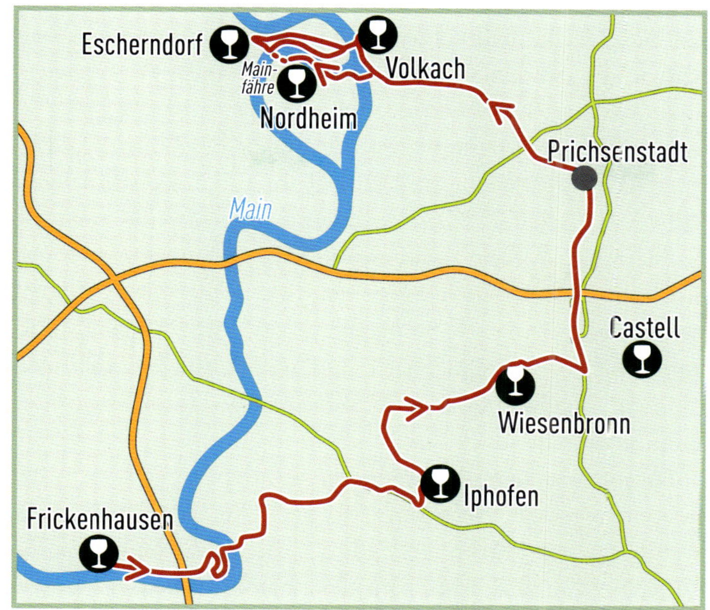

Beginnen wir die Tour am Südzipfel des Maindreieckes. **Frickenhausen** (s. auch S. 45), ein hübsches Dörfchen mit Kopfsteinpflastergassen und seinem über ihm thronenden Aushängeschild, dem Kapellenberg.

Im *Weingut Bickel-Stumpf* werden für mich mit die rebsortentypischsten Silvaner produziert. Silvaner, die auch nach Silvaner schmecken. Geschmeidig, zurückhaltend, ohne zu stark hervorspringende Fruchtnuancen. Dafür mit Tiefsinn und Nachhaltigkeit. Spannenderweise wachsen die Weine der Familie Stumpf in Thüngersheim auf Buntsandstein und in Frickenhausen auf Muschelkalk. Nennen wir es einfach eine gelungene Ausnutzung des Lagenpotenzials nach der vor langer Zeit geschehenen Vermählung zweier Weingüter. Vielleicht plaudern Sie mit der Winzerfamilie ein wenig darüber?

Ab vom Main führt uns der Weg nun nach **Iphofen**. Der Ort, den rundherum gleich mehrere weltberühmte Lagen säumen. Der Julius-Echter-Berg, der Kronsberg und der Kalb wirken, als würden sie direkt aus dem kleinen, wie verwunschen wirkenden Ort emporwachsen.

Inmitten des Ortskerns zieht es mich ins *Weingut Johann Ruck*. Die Ruck-Weine sind etwas ganz Besonderes für mich. Schwer in treffende Worte zu fassen, wenn man sie noch nie probiert hat. Äußerst tiefsinnig sind sie, und unglaublich viel Struktur steckt in jedem einzelnen. Erst nach Jahren erlangen sie ihre volle Trinkreife. So manch schönes Tröpfchen schlummert noch in meinem Keller und wartet auf den richtigen Moment. Weißweine, egal ob Silvaner, Sauvignon Blanc oder Burgunder.

Folgen wir dem Schwanberg, an dessen Fuß sich die Rebzeilen reihen, gelangen wir nach **Wiesenbronn**. Sein Weinberg, der Wachhügel, gilt als kleiner Geheimtipp für Rotweine. Gerhard Roth, vom gleichnamigen Weingut, ist der stille Pionier der roten Rebentropfen. Von Blaufränkisch über Spätburgunder bis zur Domina macht er im Maindreieck die interessantesten Rotweine, schon seit über vierzig Jahren vom Naturgedanken getragen. Auf unscheinbar wirkenden Hängen wachsen seine ökologisch ausgebauten Weine, die hier offenbar besondere Bedingungen finden.

Das zauberhafte **Castell** (s. auch S. 31) liegt nun vor uns. Trotz seiner Anziehungskraft biegen wir ab in den Ortsteil Greuth. Es wird sich lohnen. Harald Brügel und seinem kleinen Weingut möchte ich gern mein persönliches »Geheimtipp-Siegel« aufdrücken. Ein »alter Newcomer« mit viel Charme und Herz. Mit ihm zu probieren macht mir stets große Freude. Frisch, unkompliziert, aber auch mal tiefsinnig gibt er sich – wie seine Weine auch. Er experimentiert, hält aber zeitgleich der fränkischen Tradition die Stange. Harald Brügel schafft es, Müller-Thurgau in die Flasche zu bringen, die mich begeistern. Sein Muskateller sucht seinesgleichen, und die Silvaner sind ebenso achtenswert. Besonders die Wei-

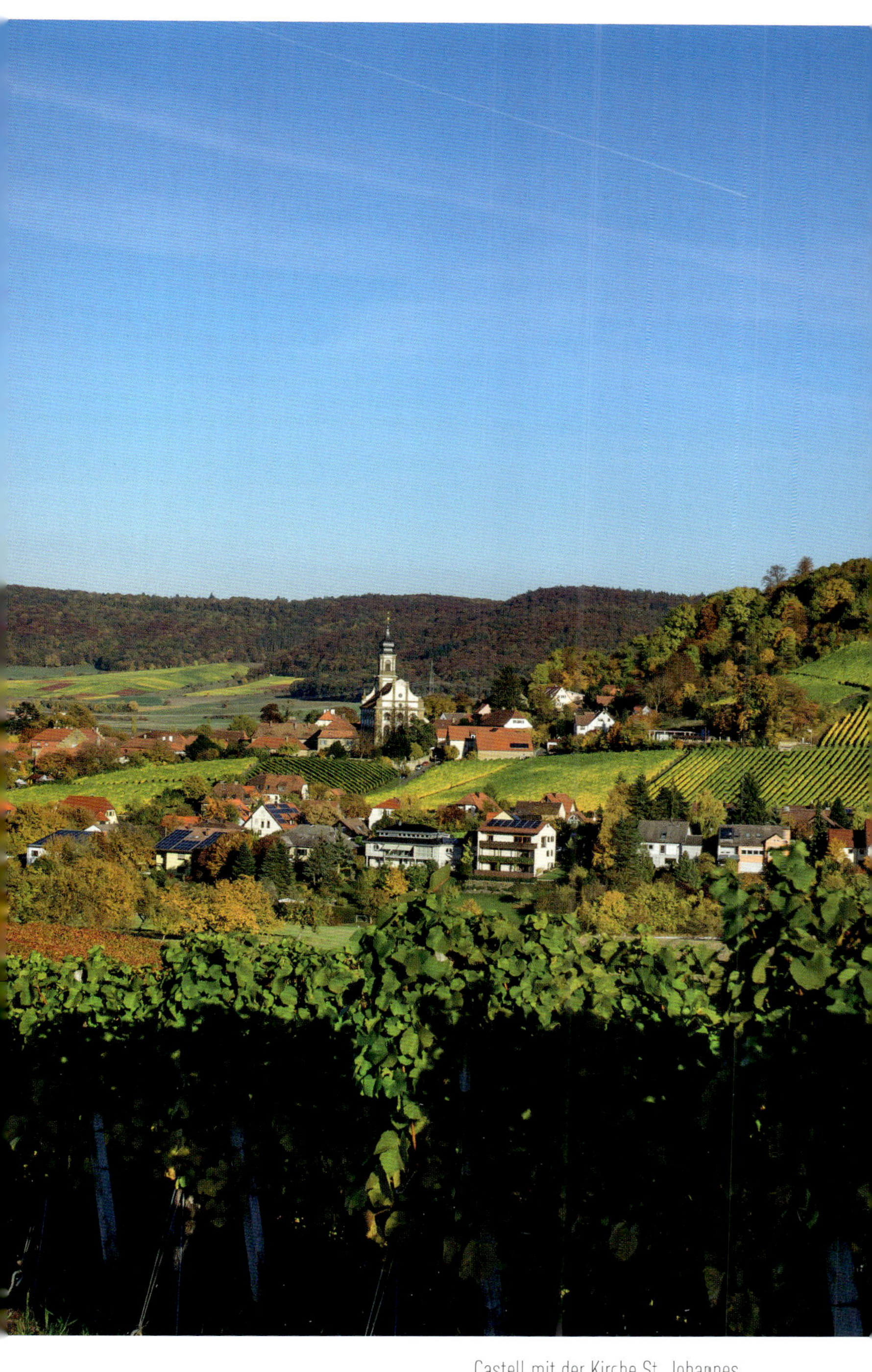

Castell mit der Kirche St. Johannes
inmitten herbstlicher Weinberge

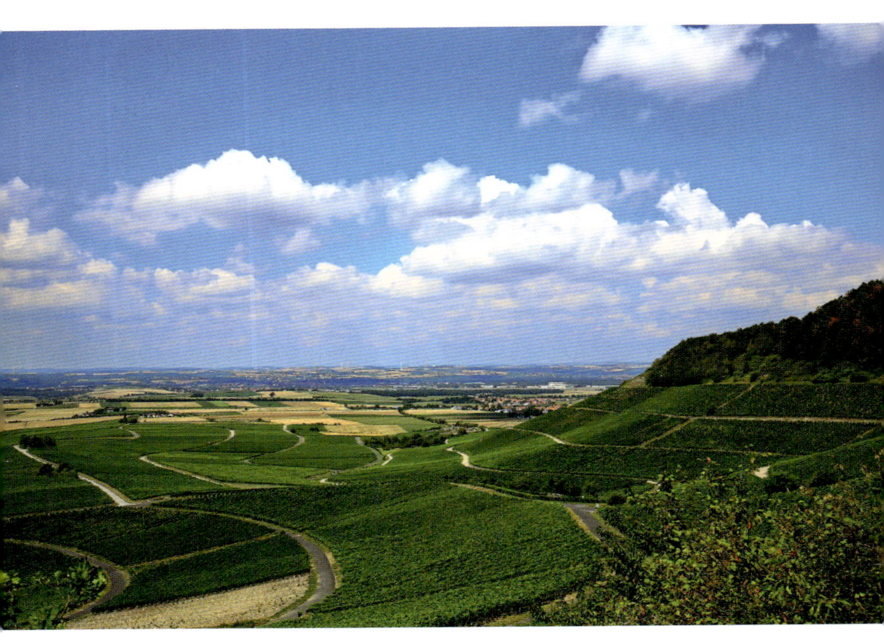

Die Lagen um Iphofen

ne, die schon ein paar Jahre im Keller liegen durften, bringen eine Tiefsinnigkeit mit sich, die mir besonders zu einem gehaltvollen Menü Freude macht. Probieren Sie es aus!

So langsam führt uns der Weg an die Mainschleife. **Nordheim** ist das nächste Ziel. Angekommen im schönen Gewölbekeller des *Weingutes Waldemar Braun* macht sich Wohlempfinden breit. Herzlichst aufgenommen, gerade so, als sei man hier zu Hause, verkoste ich sortenreine, echt-fränkisch trockene Silvaner und Rieslinge, Weiß- und Grauburgunder. Glasklar, ehrlich … einfach immer wieder ein Genuss. Hier finde ich neben guten Alltagsweinen auch angenehme Essenbegleiter (und habe beim Probieren der gereiften Weine schon gedanklich einen guten Käse dazu serviert). Ein spitzenmäßiger Scheurebensekt, der mir nicht nur als Aperitif gefällt, krönt die Verkostung.

Schräg gegenüber erwartet mich Familie Glaser im *Weingut Glaser-Himmelstoss*. Jetzt wird es spannend. Anspruchsvolle Weine, die die Gedanken anregen – und ihre Zeit brauchen, finden den Weg ins Glas. Die Grau- und Weißburgunder gefallen mir besonders. Hier lohnt es sich, Weine zu erwerben, die anschließend das ein oder andere Jahr im eigenen Keller lagern. Jedes Jahr dann ein Fläschchen geöffnet, wird der Wein mehr als nur spannende Veränderungen aufweisen.

Escherndorf – tausendfach beschrieben, millionenfach gelobt (s. auch S. 55). Der Escherndorfer Lump ist und bleibt für mich die beste Lage Weinfrankens: ein grandioser Blick, egal ob ich am Fuße stehe, die Hänge hinaufsehe oder vom Schopf aus unten den Altmain erblicke. Die Lage ist aber nicht nur traumhaft schön anzusehen. Die klimatischen Bedingungen ermöglichen hier höchste Garantie für großartige Tropfen. Es begeistert mich immer wieder aufs Neue, wie viel Wärme dieser Weinberg speichert – und wie er mich diese auch spüren lässt, wenn ich auf seiner Höhe entlangwandere.

Die Qualität der Winzer in Escherndorf zu beschreiben, fiele mir nicht schwer, jedem gerecht zu werden, würde mir bei der Vielzahl an großartigen Weingütern aber sicherlich nicht gelingen. So mag und muss ich mich auf einen einzigen Tipp beschränken. (Liebe Winzer, verzeiht! Ich liebe euer Dörfchen, sehne mich nach der Zeit, in der ich in ihm wohnen und in meinem eigenen Restaurant wirken durfte, weiß eure Qualitäten mehr als nur zu schätzen …)

Das *Weingut Clemens Fröhlich* in der (schon legendär klingenden) Bocksbeutelstraße ist meine Empfehlung abseits der weit bekannteren Weingüter in Escherndorf. Die Weine sind stark geprägt vom griffigen Boden der Lagen Lump und Fürstenberg. Seltenheiten wie Morio-Muskat und Ortega finden den Weg in die Weinflasche. Die Rebsorten authentisch, der Ausbaustil fränkisch, ohne altbacken zu sein. Kurz um, es sind Spaß machende Alltagsweine mit dem typischen, aber nicht staubigen Charakter des Frankenweins.

Unser Ziel ist erreicht: **Volkach**, das Heim vieler Winzerbetriebe (s. auch S. 55, 65 u. 79).

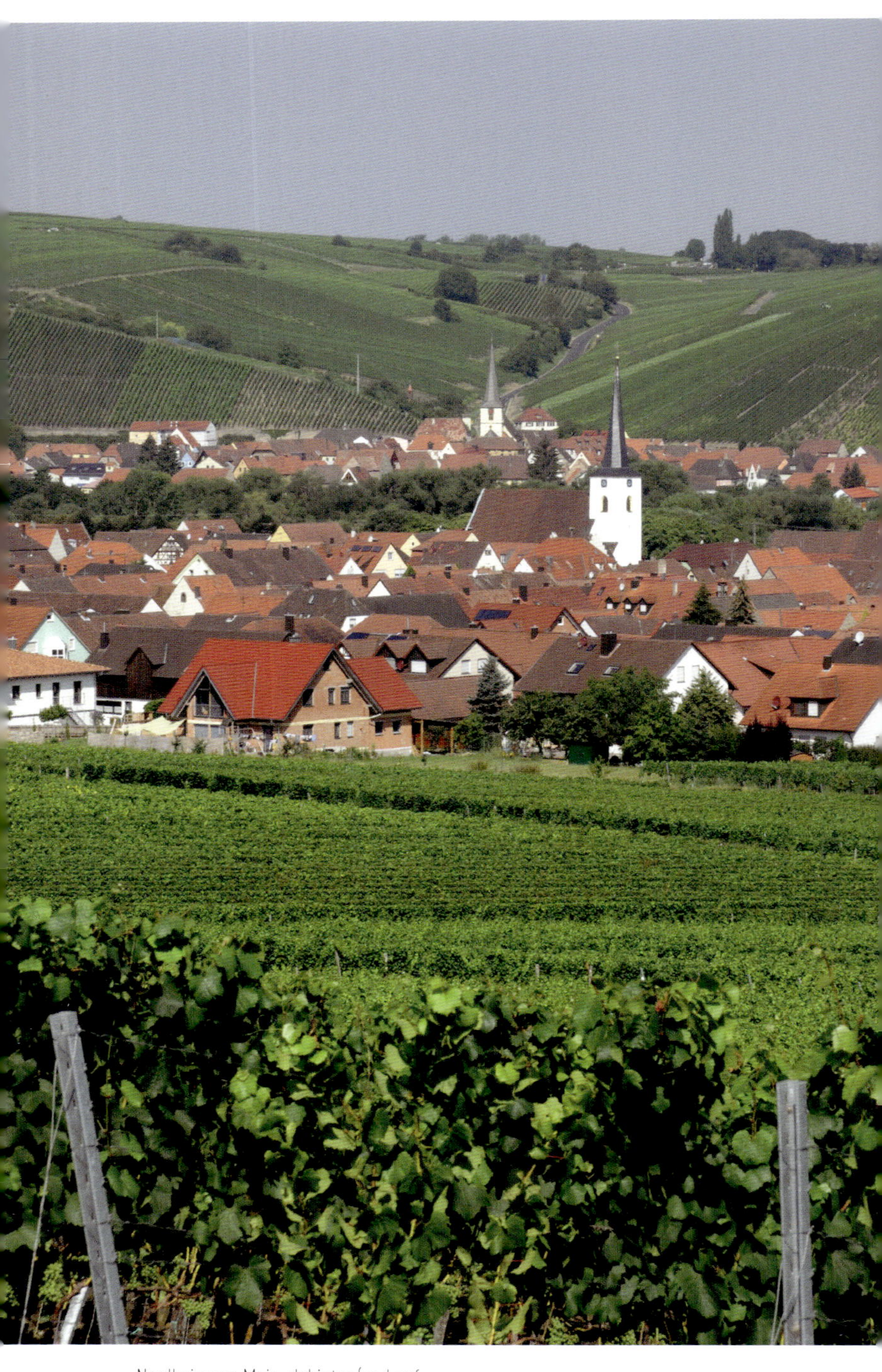

Nordheim am Main, dahinter (und auf der anderen Mainseite) Escherndorf

Der Ratsherr als Spitzenlage schmiegt sich an den Main. Die Weinbergskirche in den Rebhängen ist ein Publikumsmagnet. Und die Altstadt gehört zu den schönsten im Frankenland.

Einer hat es hier ganz besonders verstanden, den Aufschwung auch Aufschwung werden zu lassen. Inmitten der Altstadt verbirgt sich in einem imposanten Fachwerkhaus das Weingut *Max Müller I.* Alles, was ich dort verkoste, ist wunderbar trinkschön – vom »einfachen« Literwein bis hin zum geschmeidigen Rotwein. Hier ohne ein Kistchen abgereist zu sein, ist schon fast eine Sünde.

Nun neigt sich meine erste Tour de Frankenwein dem Ende entgegen. Große Lust steigt in mir auf, die nächste Region in Angriff zu nehmen und zu Papier zu bringen. Den Steigerwald mit seinen innovativen Winzern etwa finden Sie in Auszügen in der *Wandertour zum ältesten Rebstock Deutschlands* (s. S. 31) und der *Weinfranken-Architektur-Tour* (s. S. 45). Die westliche Frankenweinregion um Bürgstadt ist in der *Main-Wein-Fachwerk-Tour* (s. S. 145) beschrieben. Nördlich von Würzburg bietet Ihnen die *Geheimtipp-Tour im ZweiUferland* (s. S. 133) ebenfalls feine Winzertipps. Und auch am *Weinparadiesweg* (s. S. 19) rund um Hüttenheim ist ein Geheimtipp-Weingut vertreten.

Antje Schmelke-Sachs

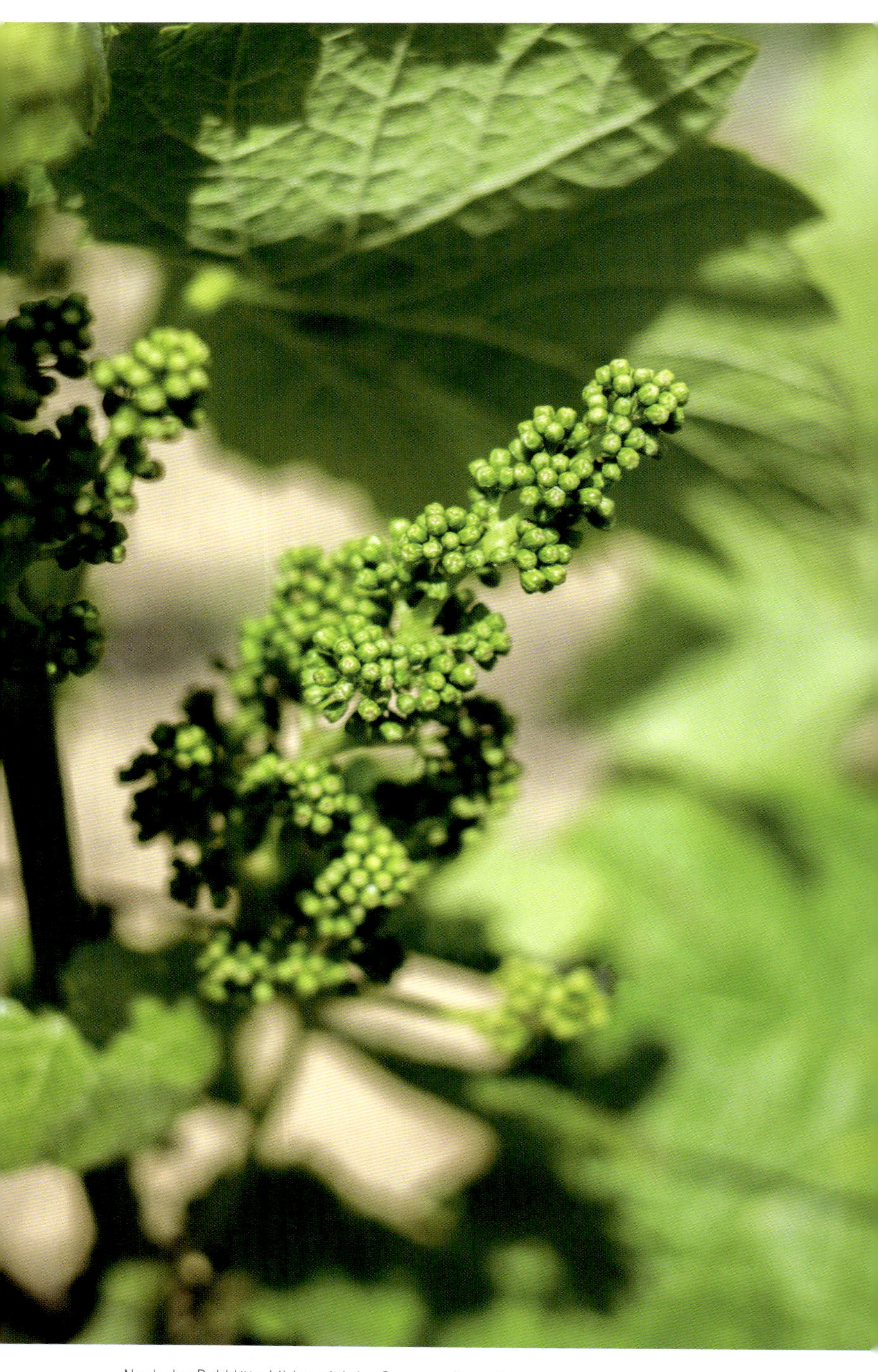

Nach der Rebblüte bilden sich im Sommer die ersten kleinen Beeren aus den sogenannten Gescheinen

Von Hütte zu Hütte

Tour 2

Fast ein wenig wie auf der Alm wandern im »Weinparadies«

Bewandern Sie mit mir das Paradies in Weinfranken! Landschaftswege, die vor Schönheit trotzen. Biodiversität, intakte Natur und Weitsicht inklusive. Gepaart mit Hüttencharakter und deftiger Einkehr wie auf der Alm! Das Weinparadies Franken besteht aus sieben Ortschaften, liegt am Fuße der Steigerwaldausläufer nahe Iphofen und ist auch 20 Jahre nach seiner Ausrufung noch ein kleiner landschaftlicher Geheimtipp.

Strecke: Hüttenheim – Reusch – Weigenheim

Länge: 11,5 km (einfach)

Höhenunterschied: ca. 250 m

Markierung: *Weinparadiesweg* (grüne Traube), vorbildliche Ausschilderung

Einstiegspunkt: bei der *Weinparadiesscheune* (gut ausgeschildert ab Hüttenheim oder Bullenheim)

Anreise mit dem Pkw: Parkmöglichkeit bei *Weinparadiesscheune* oder *Grefs-Hütte* (jeweils in den Weinbergen gut ausgeschildert)

Anreise mit öffentlichen Verkehrsmitteln: Zugverbindung Nürnberg–Würzburg mit Ausstieg in Markt Bibart, weiter mit dem *Bocksbeutel-Express* (Freizeitbuslinie: nur Sa, So u. Fei!) nach Bullenheim oder Weigenheim (beachten: zusätzliche Wanderstecke ab Bushaltestelle bis zum Wandereinstieg: 3–4 km)

Wanderkartenempfehlung: »Weinparadieskarte« – gute Karte, die bei den Gastgebern kostenfrei erhältlich ist und zusätzlich an jeder Hütte im Großformat aufgestellt ist; alternativ per kostenfreiem Download unter: www.weinparadies-franken.de/erleben/wandern

Wegbeschaffenheit: unbefestigte Naturwege und gepflasterte Wirtschaftswege; nicht geeignet für Kinderwagen und Rollstuhl

Schwierigkeitsgrad: leicht, da wenige Steigungen und Abstiege

Familientauglichkeit: für Kinder, die ihr Herz schon früh an die Natur verloren und reichlich Laufkondition haben, kann dieser Weg bereichernd sein; ein Spielplatz befindet sich an der *Taubenloch-Hütte*, unterwegs gibt es viel zu entdecken und Tiere zu beobachten

Wetter: zu jeder Jahreszeit eine Reise wert; die *Grefs-* und *Taubenloch-Hütte* öffnen in der Regel jeweils von Ostern bis Oktober am Wochenende und an Feiertagen, die *Weinparadiesscheune* ist ganzjährig in Betrieb und hat Montag und Dienstag Ruhetag

Übernachtungstipp:

Weingut Hillabrand, Hüttenheim 96, 97348 Willanzheim
Tel. 0 93 26/17 65, www.weingut-hillabrand.de
Wohnen direkt beim Winzer; hübsche, moderne Gästezimmer inmitten des Weinortes

Einkaufstipp:

Hofladen Hagenmühle, Hagenmühle 1, 97348 Willanzheim
Tel. 0 93 23/34 28, www.hagenmuehle-willanzheim.de
Frische und geräucherte Regenbogen- und Lachsforellen

Hier geht's lang

Der *Weinparadiesweg* ist durchgängig bestens ausgeschildert. Beide Weinbergshütten verfügen als mögliche Einstiegspunkte in die Tour über ausreichend Parkplätze.

Wir starten an der *Weinparadiesscheune*. Die Tour lässt sich aber ebenso unkompliziert in umgekehrter Richtung gehen und in Weigenheim an der *Grefs-Hütte* starten.

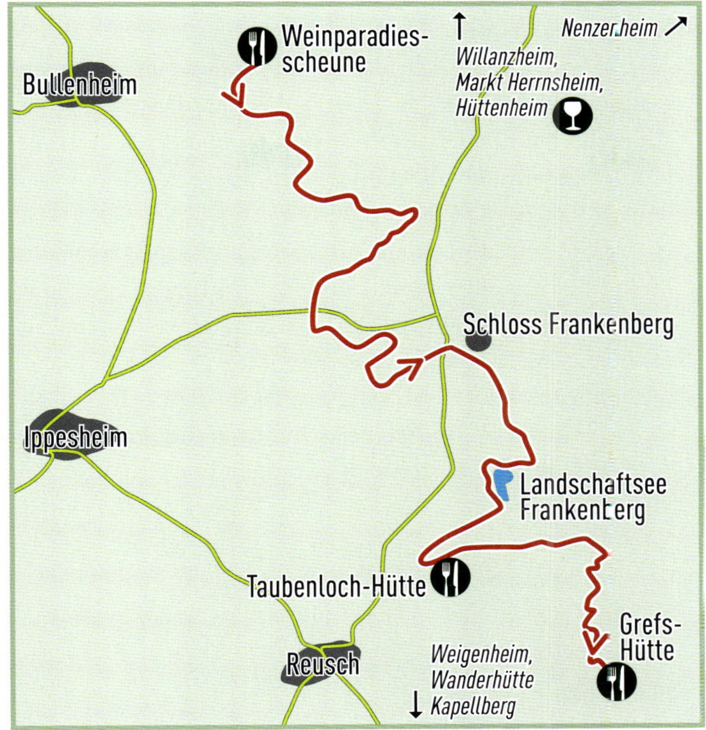

Ich habe mich in diesem Rahmen nur für das Herzstück des Weges entschieden – völlig ausreichend für einen Wandertag mit reichlich Zeit für Einkehr! Der gesamte *Weinparadiesweg* führt in 19 Kilometern Gesamtlänge vom Weigenheimer Kapellberg bis Nenzenheim (bzw. Hüttenheim).

Mein Tipp: Die Kurzversion

Wenn Sie nur eine kleine Wanderung unternehmen wollen, empfiehlt sich die Strecke von der *Taubenloch-Hütte* zur *Grefs-Hütte*. Auf diesen sechs Kilometern (Hin- und Rückweg!) sind Sie ausschließlich auf Naturwegen unterwegs. Auch an der *Taubenloch-Hütte* kann man gut parken und sehr nett einkehren.

Einkehrtipps:

Taubenloch-Hütte: Hübsches kleines Holzhäuschen mit Innenplätzen auf zwei Etagen und zauberhaften Außenplätzen auf mehreren Ebenen inmitten der Weinberge; Winzerhütte mit hauseigenen »Schoppen« des *Weingutes Geuder* und netten Brotzeiten; Tel. 0 98 42/6 55

Grefs-Hütte: Einfaches Steinhaus zwischen Weinbergen und Wald mit rustikalen Innen- und Außenplätzen; gute hausgebackene Kuchen, Brotzeiten und Frankenweine der Winzer *Gref & Kistner*; Tel. 0 98 42/24 92

Weinparadiesscheune: Ganzjährig geöffnete fränkische Lokalität in Traumlage am Weinbergsrand; wunderschöne Außenplätze auf der Westseite mit Sonnenuntergang über den Weinreben; Weinauswahl örtlicher Winzer und regionale Küche mit Produkten von heimischen Erzeugern
Weinparadiesscheune 1, 97258 Ippesheim
Tel. 0 93 39/98 96 80, www.weinparadies-scheune.de

Weingut-Tipp:

Weingut Hillabrand: Hüttenheim 96, 97348 Willanzheim
Tel. 0 93 26/17 65, www.weingut-hillabrand.de
Winzer der jungen Generation mit spannenden Scheureben und knackigen Silvanern. Der Riesling ist mein Geheimtipp. Hier finde ich Weine mit Ecken und Kanten – kein Mainstream – echtes Handwerk; den Boden und die Natur schmeckbar ins Glas gebracht.

Mein kleines Frankenweinlexikon

Scheurebe, Muskatsilvaner, Muskateller und Bacchus
Auch die stehen für Franken! Bukettreiche Rebsorten, die den Obstgarten und die Blumenwelt erst in der Nase vereinen und danach am Gaumen explodieren lassen. Hin und wieder mit etwas Restsüße

ausgebaut, aber mittlerweile auch oft in der trockenen Weinwelt zu finden. Grandiose Essensbegleiter zu asiatischer Küche mit einer gewissen Schärfe.

Das gibt's zu sehen

Meine Anreise ins Weinparadies

Die verwunschenen Dörfer des Frankenlandes haben es mir angetan. So beginne ich meine heutige Tour an einem wunderbaren Julitag mit der Anfahrt von Iphofen nach **Willanzheim**. Mein Weg führt mich zum Hofladen der zauberhaft

Markt Herrnsheim, mit der Hofkäserei ein guter Zwischenstopp noch vor dem Tourenbeginn

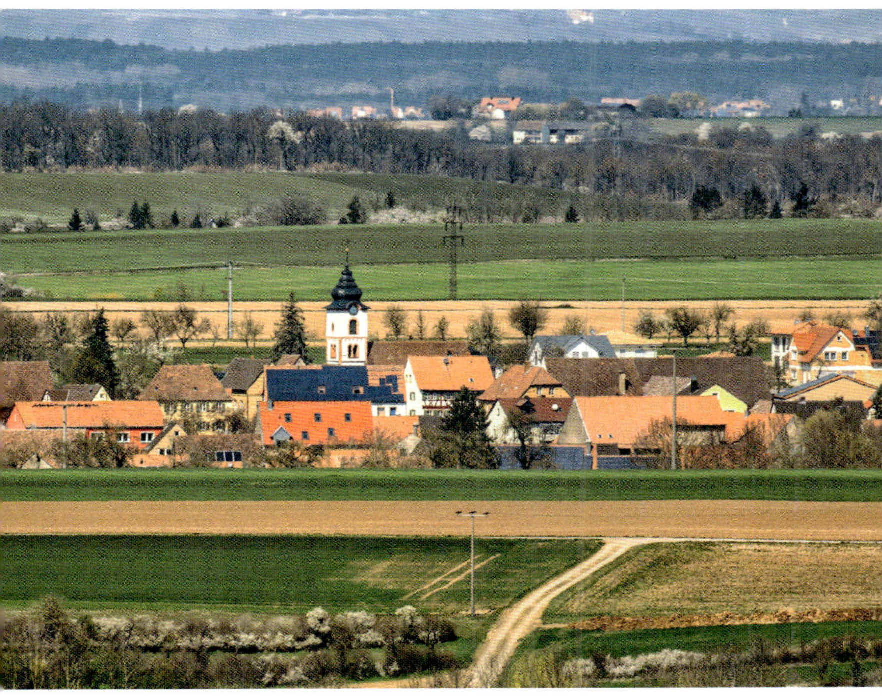

gelegenen *Hagenmühle* – vorbei an Wildkräutern, die in voller Blüte stehen und bereits jetzt mein Herz erfreuen. Im Takt der Natur schlängelt sich ein kleiner Bachlauf zu diesem einsamen Gehöft, das auch direkt am Radweg liegt. Riesige Bäume säumen den Weg und verschönern das Bachufer.

Angekommen und herzlichst vom Chef des Hauses empfangen stöbere ich im kleinen Mühlenladen. Die Gastronomie-Kollegen aus den Restaurants rund um den Schwanberg geben sich derweil beim Einkaufen die Klinke in die Hand. Wer einen guten Fisch für seine Gäste auf den Tisch bringen will, kauft hier ein. Frisch geräucherte Bachforellen und Lachsforellen sind erhältlich; frischer Fisch und eigene Mühlenprodukte bereichern zudem das Angebot, und für einen hungrigen Radler gibt's auch mal eine Brotzeit und einen Schoppen dazu.

Ein Kleinod inmitten der Natur ist die *Hagenmühle*, man kann es nicht anders sagen.

Ich fülle meinen Rucksack mit einem frisch geräucherten Forellenfilet und erwerbe beim Bäcker in der Dorfmitte ein Stück Brot dazu. Das Picknick ist also gesichert.

Meine Weiterfahrt führt mich über **Markt Herrnsheim** an der *Hofkäserei Brunner* vorbei, die immer freitags ihre Kuh- und Ziegenmilch-Käse am Hof verkauft. Ein weiteres Stück fürs Picknick findet damit seinen Weg in den Wanderrucksack.

Ich schlendere noch ein wenig durch das typisch fränkische Dorf und betrachte die auffälligen Gebäude aus gelb-rotem Sandstein. Auch die kleine Kirchenburg ist von solchen Sandsteingebäuden gesäumt. Im Dorfzentrum begegnen mir Hühner und Gänse. Die Zweibeiner waten hier fröhlich durchs Dorf, als sei es ihr eigenes Reich.

Mannshoher Wildfenchel, roter Klatschmohn und gesunde Kornfelder säumen den Weg nach **Hüttenheim**, an dessen Ortseingang der *Weinhof am Nussbaum* (mit Gästezimmern und Bio-Weinverkauf!) wochentags an den Nachmittagen zu

Kaffee und Kuchen einlädt. Der Weinberg zieht mich aber magisch an. Das Café besuche ich bei anderer Gelegenheit.

Auch in Hüttenheim strahlt die Kirchenburg inmitten des Ortes etwas Besonderes aus. Sie gilt als eine der besterhaltenen mittelalterlichen Kirchenburgen in ganz Franken. (Das unmittelbar angrenzende Rathaus bietet für den Touristen übrigens reichlich Informationsmaterialien.) Es gibt viel zu sehen. Gut, dass ich ein paar Tage beim Winzer im Ort übernachte und diese reizvollen Möglichkeiten voll ausschöpfen kann!

Mein Tag auf dem Weinparadiesweg

Im Ort Hüttenheim weisen mir reichlich Hinweisschilder den Weg zu meinem Ausgangsort: der **Weinparadiesscheune**. Das Auto findet hier seinen Platz inmitten der Weinberge. Der Rucksack ist gepackt. Es kann losgehen. Doch, nein: Ich nehme einen Moment Platz auf der Gasthausterrasse und lasse meinen Blick schweifen. Unendliche Weite. Schnurgerade Rebzeilen liegen vor mir wie eine friedliche Armee. Nach einem ersten Glas Riesling aus dem Hüttenheimer Tannenberg bin ich nun gestärkt für den *Weinparadiesweg*.

Vorbei an vielen Oreganobüschen, die den Weinbergsrand in ihrer Wildheit rahmen, begleitet von angenehmem Wind, folge ich dem Asphaltweg zwischen Weinbergen und Waldrand hindurch. Ab und an huscht ein kleiner Salamander am Wegesrand ins Gebüsch. Schmetterlinge flattern von Blüte zu Blüte. Nach wenigen Metern heißt mich dann eine hübsche Tafel willkommen. Die Worte »Am Anfang war das Paradies« zieren die Überschrift. Welch schöner Titel!

Nicht weit nach dem Start an der *Weinparadiesscheune* zweigt eine Treppe zu einem Aussichtsturm ab. Von Ostern bis Oktober ist dieser an Sonn- und Feiertagen von 13 bis 17 Uhr geöffnet. An Wochentagen darf man sich den Schlüssel für den Zugang in der *Weinparadiesscheune* abholen.

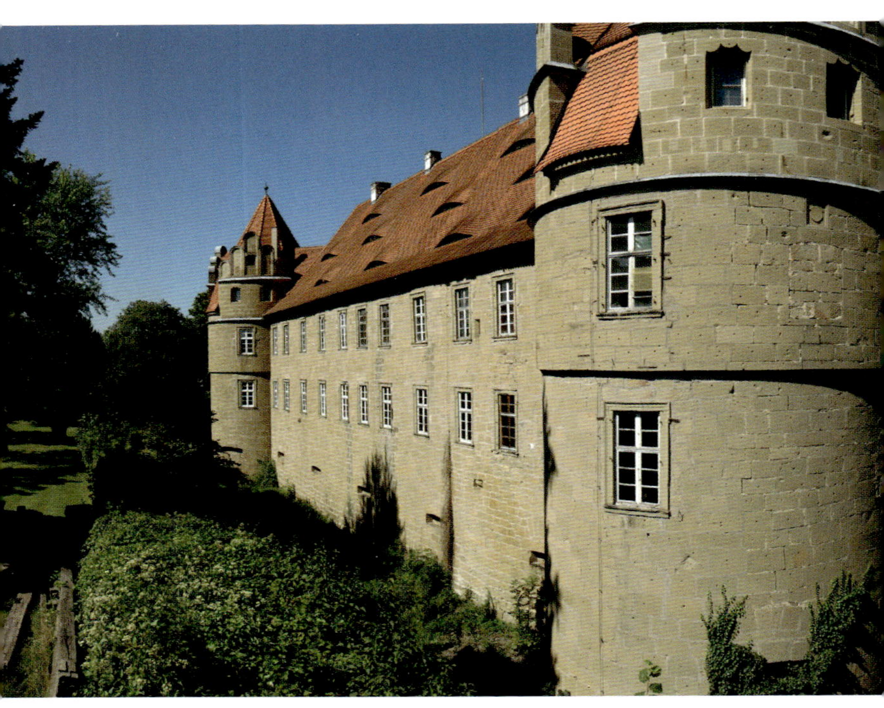

Der Südflügel von Schloss Frankenberg

Es ist, wie gesagt, ein wunderbarer Julitag. Perfektes Wetter zum Wandern. Etwas über 20 Grad, eine lückenhafte Wolkendecke bietet mir Sonnenschutz und -strahlen zugleich. Die Weinberge stehen in vollem Grün. Die Weinblüte ist längst vorbei. Aus den Gescheinen haben sich die ersten Trauben entwickelt. Als »Gescheine« werden im Weinbau die länglichen, rispenartigen Blütenstände der Weinrebe bezeichnet, aus der sich nach der Blüte die Trauben bilden. (Die Blüte vollzieht sich übrigens eher unscheinbar. Ein zarter Flaum umgibt während dieser Zeit das Traubengerüst.) Je nach Rebsorte sind die Trauben zuerst klein und kompakt oder auch schon größer und sehr lockerbeerig. Erst eine geraume Zeit später lässt sich vom Kennerauge die Rebsorte erkennen, manchmal aber auch nur erahnen. Rund einhundert Tage nach der Blüte sind die Trauben schlussendlich reif und werden geerntet.

Ich habe lange nicht so viele flatternde Schmetterlinge gesehen. Sie begleiten mich, Distelfalter, mit ihren schwarzen Punkten und orangefarbenem Haupt, und wie sie alle heißen. Sogar die ersten Brombeeren am Wegesrand sind bereits gereift. Wilde Weichseln hängen zum Greifen nah. Die Vögel zwitschern, und eine unendliche Ruhe macht sich breit. Ja, es ist wirklich ein kleines Paradies.

Nach einem Kilometer erreiche ich einen hübschen Aussichtsplatz mit Sitzgruppe und Tisch.

Nach dem zweiten Kilometer erspähe ich mein erstes Zwischenziel. Schloss Frankenberg, das heute ein Weingut beherbergt, thront auf einem Hügel vor mir und ragt mit seinem roten Ziegeldach aus den Baumkronen empor.

Kurz darauf ist die erste Etappe geschafft. Ab diesem Punkt führt der Weg zusammen mit dem *Steigerwald Panoramaweg* nach einer scharfen Rechtskurve weiter über einen schattigen Wiesenpfad entlang des Waldrandes. Das nächste Weinparadiesschild heißt mich willkommen mit dem Spruch: »Ein Stück vom Himmel auf Erden«.

Nach wenigen Metern darf ich das Naturschutzgebiet Holzöd queren. Die naturbelassenen Bäume in leicht sumpfigem Gebiet haben Dschungelcharakter. Trockenrasen, Gehölzbestände und ein besonderer Blütenreichtum wechseln sich ab. Küchenschellen, Zauneidechsen, unendlich viele Tagfalterarten, seltene Heuschrecken und der Wendehals sind hier zu Hause. Ein kleines Stück vom Paradies, das seinesgleichen sucht.

Alsbald quert der *Weinparadiesweg* die Straße und verläuft auf einem unbefestigten Wirtschaftsweg zwischen den Rebzeilen weiter. Leichtes Gefälle und kleine Steigungen inkludiert. Nach nunmehr vier Kilometern lädt eine Sitzgruppe zur Rast. Ein Flugzeug hebt ab. In Sichtachse Ippesheim liegt ein Ultraleicht-Flugplatz, von dem, mit ein bisschen Glück, das ein oder andere in die Luft steigende Flugzeug zu beobachten ist.

Über einen gleichmäßigen Auf- und Abstieg auf guten Naturwegen führt meine Wanderung an den Weinterrassen entlang – über weitere zwei Kilometer.

Am Fuße des **Schlosses Frankenberg**, vorbei an der alten Meierei des Schlosses, die heute nur noch als Ruine mit den Grundmauern dasteht, führt der Weg weiter Richtung *Taubenloch-Hütte.* Vögel ziehen kreischend ihre Kreise und begleiten mich auf meiner Tour durch Mais- und Kornfelder, entlang eines zwischenzeitlich ausgetrockneten Baches, der bereits hier einen See an seinem Ende vermuten lässt. Blütenduft verbreitet sich, Schlehen säumen den Weg und alsbald offenbart sich mir eine Schilffläche mit einem Landschaftssee in dieser Traumkulisse.

Der Weg führt am Ufer des **Landschaftssees** entlang, in dem sich nun kleine Inseln zeigen. Ich werfe einen Blick zurück und zücke die Kamera. Welch schönes Motiv: Wilde Pflanzen, Wasser, Schmetterlinge und in der Ferne Schloss Frankenberg.

Weiter des Weges im schattigen Wald versüßen mir reife Himbeeren am Wegesrand den Nachmittag. Nach zusätzlichen zwei Kilomatern weist ein hübsches Holzschild auf meine nächste Einkehr hin. Die **Taubenloch-Hütte** wird bald erreicht sein und lässt meine Vorfreude auf eine gute Winzer-Brotzeit und einen Schoppen Silvaner steigen. Als kleiner Trampelpfad führt der Weg nun durch Wiesen und Büsche in angenehmem Schatten weiter und erreicht nach einem weiteren Kilometer die sehnsüchtig erwartete Hütte.

Gestärkt und ausgeruht trete ich die letzte Etappe des Weges zur *Grefs-Hütte* an. Kaffee und hausgebackenen Kuchen in Aussicht erwandere ich über Naturwege und schattige Waldstücke in weiteren drei Kilometern die Winzerhütte inmitten der Weinberge.

Auf der hübschen terrassierten Außenfläche der **Grefs-Hütte** setze ich mich zur Belohnung unter die Schatten spendenden Rebstöcke und genieße einen Kaffee.

Ein rechtzeitig vorbestelltes Taxi aus dem entfernten Ochsenfurt bringt mich an meinen Ausgangspunkt **Hüttenheim** zurück, vom den aus ich den kurzen Weg zum Weingut antrete.

Im Weingut angekommen verkoste ich mit dem Winzer Hillabrand seine Kollektion und lausche den Geschichten über seine Weinfreundschaften. Eine solche Freundschaft war es auch, die ihn zur Weinlagerung im größten Stollensystem Bayerns brachte. Unter der Weinlage Hüttenheimer Tannenberg sind 130 Kilometer offene Wege in den Gipskeuper geschlagen. Die Idee, Wein, der auf Keuper gewachsen ist, auch im Keuperboden reifen zu lassen, verheißt große Identifikation mit den Ressourcen vor der eigenen Haustüre. Schade nur, dass man sich diese Stollen nicht ansehen kann.

Antje Schmelke-Sachs

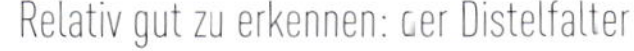

Relativ gut zu erkennen: der Distelfalter

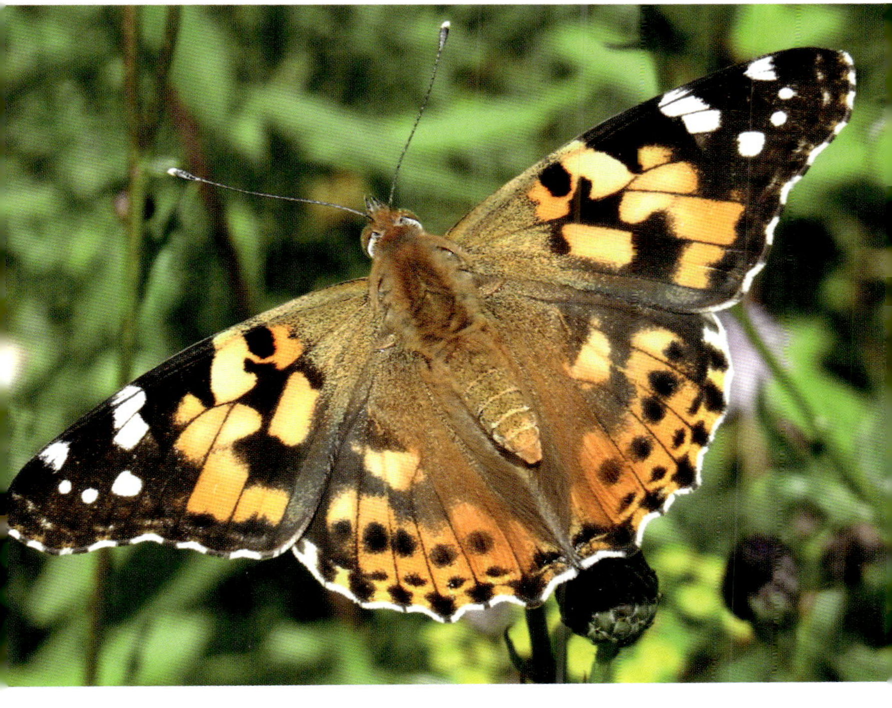

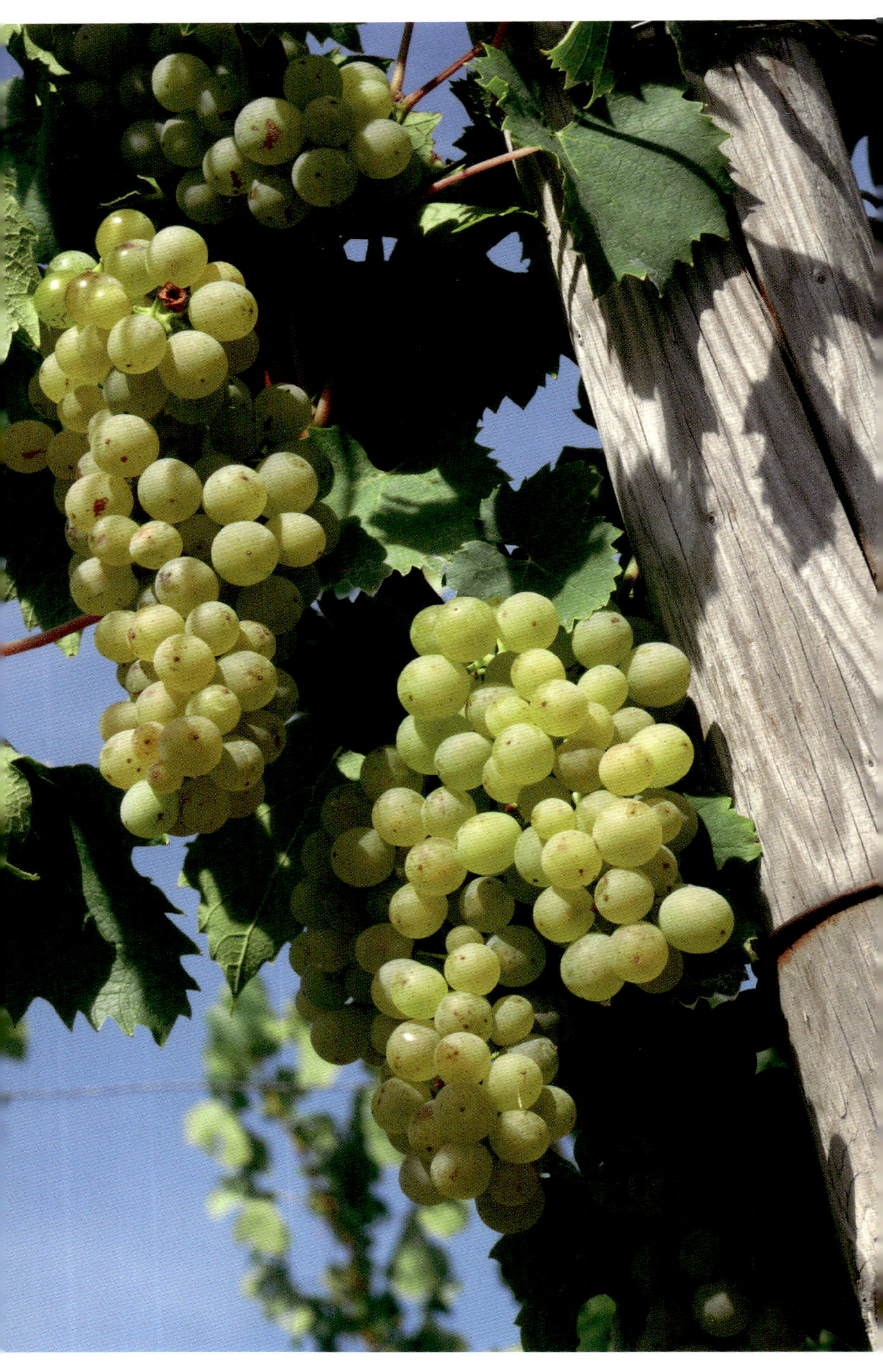

Silvanertrauben –
typisch fränkisch

Wandertour zum ältesten Rebstock Deutschlands

Tour 3

Steigerwald, Weinberge und feine Kulinarik

Die Wanderrunde über den Schwanberg hat ihren ureigenen Reiz. Sie verläuft über naturnahe Pfade, aber auch mitten durch die Weinberge und über Waldwege. Hier wechseln sich Sonne und Schatten ab. Die »schönste Weinsicht Frankens« (am Schlossberg, 2012 vom *Deutschen Weininstitut* gekürt) versüßt mir außerdem die Tour. Als besonderes Highlight zeigt sich, wenn Sie diese Wanderung im April unternehmen, die wilde Weinbergstulpe in ihrer vollen Pracht.

Strecke: Iphofen – Castell – Iphofen
Länge: 26 km (als Rundtour; auch halbierbar zu 13 km)
Höhenunterschied: 300 m
Markierung: *Steigerwald-Panoramaweg* u. *Steigerwald-Weinwanderweg*
Einstiegspunkt: Marktplatz Iphofen
Anreise mit dem Pkw: Parkmöglichkeit am Parkplatz Knauf-Halle, danach in Blickrichtung Innenstadt zur Kirche gehen, neben der sich die Tourist-Information und unser Ausgangspunkt befindet
Anreise mit öffentlichen Verkehrsmitteln: Zugverbindung Würzburg–Nürnberg, Ausstieg Iphofen
Wanderkartenempfehlung: *Fritsch Karten, Nr. 67, Naturpark Steigerwald*
Wegbeschaffenheit: Der *Steigerwald-Panoramaweg* ist ein Waldweg mit teilweise schmalen Passagen. Lediglich der Anstieg auf den Schwanberg ist über Wirtschaftswege der Weinberge erreichbar. Der Rückweg führt großteils über befestigte Wirtschaftswege. Nicht geeignet für Kinderwagen und Rollstuhl.

Schwierigkeitsgrad: mittel, ein kurzer starker Anstieg, viele Waldwege, etwas Schotter

Familientauglichkeit: Ein großer Spielplatz auf dem Schwanberg am Kloster bietet reichlich Spielspaß für Kinder. Auch Castell und Iphofen warten mit Spielplätzen auf. Im Wald gibt es zudem sicherlich viel zu entdecken.

Wetter: Die wilden Weinbergstulpen blühen in der Regel Mitte/Ende April. Diese Wanderung ist jedoch ganzjährig reizvoll. Im Sommer bietet der Wald reichlich Schatten und Kühle. Im Winter stellt er einen Regenschutz bei schlechterem Wetter dar. Weingüter und Gastronomie heißen zudem ganzjährig ihre Gäste willkommen.

Übernachtungstipps:

Rothweinhotel in Wiesenbronn: Das Hotel wurde nach ökologischen Richtlinien teilweise in alter Bausubstanz errichtet. Im inhabergeführten Haus wird Bio-Frühstück serviert. In ruhiger Ortslage lässt es sich hier in modernen, großzügig ausgelegten und geschmackvoll eingerichteten Zimmern aus heimischen Materialien nächtigen. Ein gutes Glas Wein vom Familienweingut *Roth* gibt's obendrein.
Büttnergasse 8, 97355 Wiesenbronn
Tel. 0 93 25/9 79 40 80, www.rothweinhotel.de

Übernachten in Iphofen: In dieser Stadt finden Sie viele hübsche Hotels und Gästehäuser, aber auch nette Ferienwohnungen. Einige Weingüter bieten außerdem die Übernachtung direkt auf dem Winzerhof an, z. B. *Weingut Emmerich*, *Weingut Bausewein* u. *Weingut Ilmbacher Hof*.

Einkaufstipps:

Bio-Bäcker: *Franzenbäck*, Maxstr. 27, 97346 Iphofen
Tel. 0 93 23/33 60

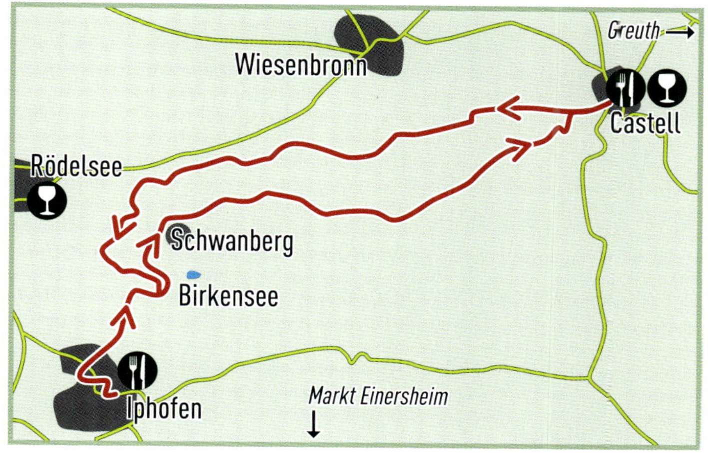

Bio-Honig: Sind Sie Honig-Fan? Im *Rothweinhotel* (s. oben) in Wiesenbronn können Sie eine Vielzahl an BIO-Honigsorten aus heimischer Herstellung erwerben. Teils mit Gewürzen verfeinert, teils mit experimentellen Zutaten gespickt.

Servicetipp:

Tourist-Information Iphofen im Steigerwald: Hier finden sie sehr übersichtlich alle Events, Weinerlebnis-Franken-Führungen, Museumsöffnungszeiten, Infos zu Weinproben und vieles mehr – www.iphofen.de

Hier geht's lang

Diese Wandertour ist von Iphofen bis nach Castell durchgehend sehr gut ausgeschildert mit dem Symbol des *Steigerwald-Panoramaweges*. Der Weg führt mit einem kurzen, aber kräftigen Anstieg auf den Schwanberg und leicht abfallend zum Ziel. Der Rückweg von Castell nach Iphofen ist ebenso gut gekennzeichnet – mit dem Symbol des *Steigerwald-Weinwanderwegs* – und weitestgehend ohne starke Steigungen zu begehen.

Mein Tipp für müde Füße:

Wenn Sie keine Lust und Energie mehr haben, den Rückweg über den *Steigerwald-Weinwanderweg* nach Iphofen anzutreten, nutzen Sie den *Dorfschätze-Express* – eine Freizeitbuslinie, die Sie zwischen Mai und Oktober an Wochenenden und Feiertagen nach Iphofen zurückbringt.

Tipp für Radfahrer:

Die Tour eignet sich auch wunderbar als Mountainbike-Trip!

Mein Weingut- und Abstecher-Tipp:

Mit drei Zeilen Reben fing für das Weingut alles an. Heute bewirtschaftet Christian Ehrlich mehr als nur diese drei, und er bringt spannende Gewächse in die Flasche. In den nächsten Jahren wird er mit seinem streng ökologischen Weinbau ganz sicher öfter von sich hören – und schmecken – lassen. *Weinmanufaktur 3 Zeilen*, Heinrich-Wiegand-Str. 2, 97348 Rödelsee, Tel. 0 93 23/87 64 54, www.3-zeilen.de

Mein kleines Frankenweinlexikon

Silvaner, der Stolz der Franken

Die Rebsorte, die in keinem anderen Weinbauland Deutschlands so heimisch ist wie hier. Typisch fränkisch. Nicht leicht zu durchschauen, in keine verbindliche Kategorie einzusortieren. Dennoch sympathisch, begeisternd und zu jeder Tages- und Nachtzeit ein großer Genuss. Vom einfachen Qualitätswein bis zur feingliedrigen Trockenbeerenauslese bringt diese Rebsorte auf den Tisch, was fast keine andere kann. Ein fantastischer Tischwein, der sich nicht in den Vordergrund drängt,

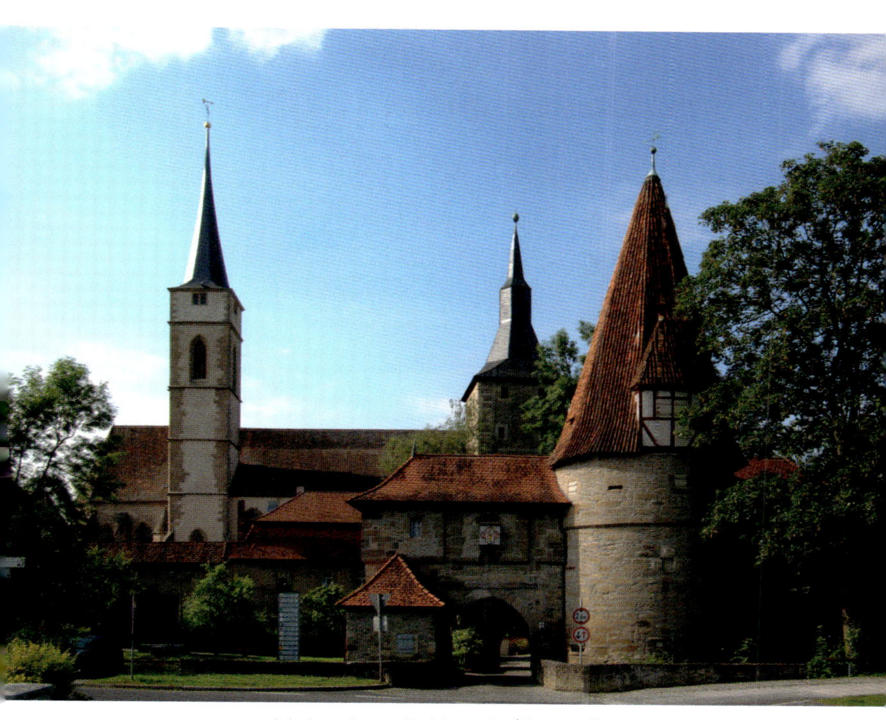

Iphofen mit dem Rödelseer Tor (Nordseite) und der Veitskirche

aber ein Menü dennoch unglaublich charmant und wohlwollend als perfekter Begleiter umschmeicheln kann. Unseren fränkischen Winzern gelingt es, aus dieser Rebsorte alles herauszuholen. Ob zum Mittagstisch ein leichter Silvaner als Essensbegleiter, zu kräftiger Ente oder dem typisch fränkischen Schäufele ein gereifter oder im großen Holzfass ausgebauter Silvaner. Und ebenso als filigrane Auslese zum Dessert.

Die beste Empfehlung ist eine Silvaner-Querverkostung durch verschiedene Weingüter, vielleicht in der Vinothek in Iphofen! Danach werden Sie fühlen, was ich mit meinen Worten sagen wollte. Und wenn dann noch Experimentierfreude besteht: Haben Sie schon einmal einen fränkischen Zwetschgen-Streuselkuchen mit Silvaner probiert? Großartig!

www.vinothekiphofen.de

Die wilde Weinbergstulpe (s. auch Foto s. 90)

Die seltene wilde Weinbergstulpe, die sich in der zweiten Aprilhälfte von ihrer ganzen Schönheit zeigt, finden Sie in Castell in der Weinlage Schlossberg, unweit der imposanten Kirche. Unterhalb des ausgeschilderten *Weingartens* führt Sie ein Weinbergsweg direkt zu den Blüten. Inmitten der Rebzeilen offenbart sich hier dann ein regelrechter gelber Teppich. Das Blütenmeer wird, dank umsichtiger Winzer, an dieser Stelle auch weiterhin jedes Jahr aufs Neue unser Auge erfreuen. Informative Tafeln verraten Hintergründe zu Wachstum, Verbreitung und Ursprungsort.
Meine *Sachs Weinreisen* (Infos s. unten) von Weingut zu Weingut führen in der Blütezeit auch zu dieser seltenen Naturschönheit. Aber auch im August, wenn die Trauben reif werden, oder im Herbst, wenn sich das Laub färbt, bin ich mit genussinteressierten Gästen immer gerne in den Weinbergen Frankens unterwegs.

Einkehrtipps Castell:

Casteller Weingarten: Wer es rustikal mag, ist im *Casteller Weingarten* gut aufgehoben, wo (beim vielleicht schönsten Sonnenuntergang der Region) Brotzeit und Schoppenweine geboten werden. Wenn Sie mögen, können Sie hier alle drei Casteller Weingüter im Weinglas kennenlernen. Schützenhausstr. 1, 97355 Castell
Tel. 0 93 25/9 79 93 30, www.casteller-weingarten.de

Weinstall Castell: Im ansprechend und edel restaurierten Gebäude der Fürstenfamilie Castell-Castell bieten die jungen Pächter fränkisch-kreative Saisonküche, begleitet von Weinen des hauseigenen Gutes; Schloßplatz 3, 97355 Castell
Tel. 0 93 25/9 80 99 49, www.weinstall-castell.de

Sachs Genussatelier: Das mit der Eigenwerbung ist immer so eine Sache … Liebe Leser, ich hoffe Sie verdenken es mir nicht, wenn ich an dieser Stelle auch meine eigene Wein-

bar unter den Empfehlungen liste. Ich kann's nur so sagen: Sie in meiner eigenen kleinen Tapas-Weinbar in Castell als Gast begrüßen zu dürfen, würde mich wirklich sehr freuen. In meinem Wohnzimmer offeriere ich Ihnen vor dem brennenden Kamin gerne feine Rohmilchkäse und beste Weine aus aller Welt. Kniebrecher 8a, 97355 Castell
Tel. 0 93 25/9 79 14 62, www.sachs-genussatelier.de

Mein Weinkeller-Tipp:

Fürstlich Castell'sches Domänenamt: Unter dem großen Traditionsweingut der Fürstenfamilie Castell-Castell verbirgt sich ein sehenswerter Weinkeller mit alten Holzfässern, in dem Einblicke in die fürstliche Familiengeschichte gewährt werden. Von Montag bis Samstag ist man hier auch herzlich willkommen zur Weinverkostung mit anschließendem Weineinkauf; Schloßplatz 5, 97355 Castell
Tel. 0 93 25/6 01 60, www.castell.de

Fürs Abendmenü – Einkehrtipp Iphofen:

Zum Abendessen wird hier kreative Küche in bester Handwerkskunst des Chefkochs geboten, begleitet vom charmanten Service seiner Partnerin rund um die Weine des größten Privatweingutes Frankens, dem Hause *Wirsching*.
Zur Iphöfer Kammer, Marktplatz 24, 97346 Iphofen
Tel. 0 93 23/8 77 26 77, www.kammer-iphofen.com

Das gibt's zu sehen

Mein Tag auf dem Steigerwald-Panorama- und dem Steigerwald-Weinwanderweg

Wie soll ich dieses Kapitel nur beginnen? Nachdem ich nun schon seit vielen Jahren in Castell lebe und meine Wahlheimat wahrhaft lieben gelernt habe, fällt es mir hier ganz besonders schwer, eine Auswahl zu treffen, die diesem Rahmen entsprechen kann.

Eine Tour durch die historische Altstadt **Iphofens** (mit seiner einerseits bestens erhaltenen und mitunter restaurierten Stadtmauer und den imposanten Toren) zu Beginn der Wanderung anzugehen, würde die Ausmaße eines Tagesausflugs sprengen. Wenn es Ihnen irgendwie möglich ist, bleiben Sie am besten gleich ein paar Tage zu Gast in dieser hübschen Stadt am Fuße der Weinberge und nehmen Sie sich die Zeit, sie vollends auf sich wirken zu lassen.

Ich folge bei meiner Tour dem gut ausgeschilderten *Steigerwald-Panoramaweg* im Stadtkern – es geht durch die Iphöfer

Einer von mehreren traumhaften Aussichtspunkten: Weinberge bei Castell

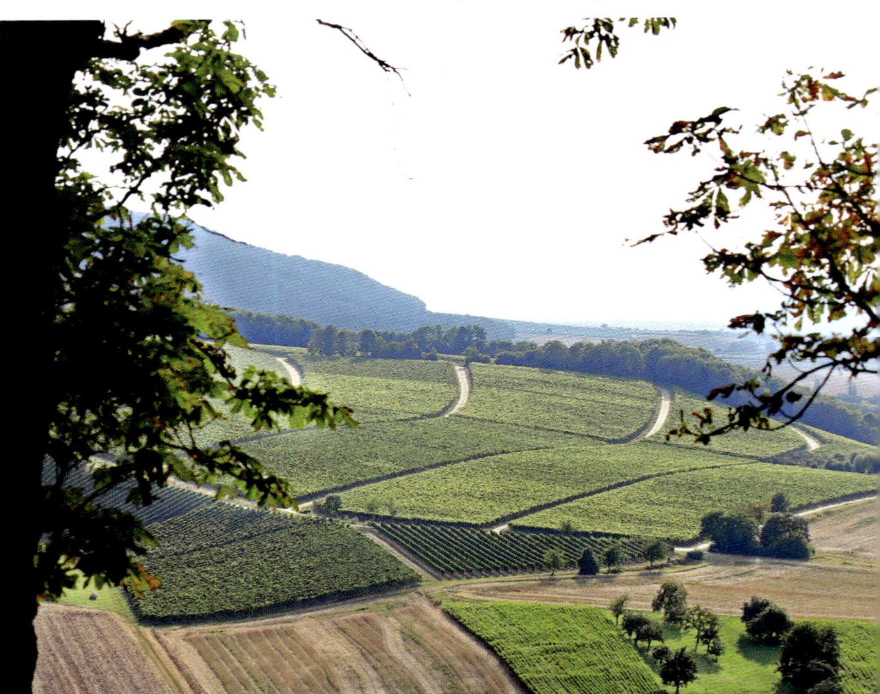

Weinbergslagen Kronsberg und Julius-Echter-Berg hinauf und Richtung Schwanberg.

Auf dem gemächlich ansteigenden asphaltierten Weg durchstreife ich Zeilen von Silvaner, Riesling, Burgunder, Scheureben und Müller-Thurgau. Hin und wieder entdecke ich auch eine Domina. Die *Domina* ist eine typisch fränkische Rebsorte, aus der kräftige und farbintensive rote Weine gekeltert werden.

Am hübschen Flurdenkmal des Julius-Echter-Berges, geschlagen aus Sandstein, lege ich eine kurze Rast ein und gönne mir einen Blick zurück auf die Stadt. In der Ferne zeigt sich das Weinparadies (s. S. 19), aber ebenso zeigen sich auch die Weinhänge am Mainufer bei Sulzfeld (s. S. 45), die ich an diesem Tag bei klarer Sicht wunderbar betrachten kann.

In den Weinbergen herrscht an diesem Hochsommertag angenehme Stille. Die letzten Winzer widmen sich der »grünen Lese«. Sie entfernen die zu üppig gewachsenen Trauben, lassen lediglich eine kleine Menge am Weinstock zurück. Somit kann sich die Rebe auf die wenigen zurückgebliebenen Trauben konzentrieren und ihren gesamten Extrakt darin einlagern. Das wird sicher ein klasse Wein! Zumindest an den Stöcken, an denen der Sonnenbrand in diesem Jahr nicht zugeschlagen hat. Einige Trauben sind vollständig eingeschrumpft. Diese Trauben haben die intensive Sonne der letzten Juliwoche nicht verkraftet und sind vollständig ausgetrocknet.

Nach einer halben Stunde Aufstieg erreiche ich den Schatten spendenden Wald und die Weinbergsgrenze, die vom informativen *Geschichtsweinberg* gekrönt wird. In diesem historischen Weinberg wird demonstriert, wie Weinbau in früheren Epochen betrieben wurde; er lässt zudem Lebensräume, die früher eng mit dem Weinbau verbunden waren, wieder aufleben. Dazu gehören typische Elemente wie Trockenmauern, Weinberghäuschen, Hecken und eine Streuobstwiese.

Dem *Steigerwald-Panoramaweg* weiter folgend, erreiche ich nach einem nur fünfminütigen, aber schweißtreibenden Aufstieg durch den Wald eine Abzweigung. Hier lohnt sich der kurze Abstecher zum Geotop mit fantastischer Aussicht über die weiten Weinbauflächen des südlichen Steigerwaldes.

Nach nunmehr dreieinhalb Kilometern ist der **Schwanberg** erreicht. Die Menschen hier oben sind entspannt. Alles ist geprägt von Gelassenheit und Stille. Ein beschaulicher Ort für eine besinnliche Rast.

Gegenüber der Kirche zweigt der *Steigerwald-Panoramaweg* über Treppenstufen hinab. Wenige Meter nach dem Schloss Schwanberg macht der Weg dann seinem Namen alle Ehre. Ein gigantischer Aussichtspunkt gibt den Blick frei über das fränkische Weinland. Ich werde belohnt und kann sogar bis in den Spessart hinaus dessen Höhenzüge betrachten. Segelflieger ziehen ihre Kreise, die fernen Windräder drehen fleißig ihre Rotoren. Noch einmal lasse ich meinen Blick in die Ferne schweifen, bevor ich die nächste Wegstrecke in Angriff nehme.

Nun führt mich der Weg in den Schlosspark hinein, in dem wilder Thymian in seiner rosa Blüte steht. Mitten durch den Friedwald führt der Weg vorbei an kleinen Waldoasen und zeigt die ein oder andere Hinterlassenschaft der Kelten. Es duftet nach Pilzen, frisch geschlagenem Holz und wilden Minzpflanzen.

Nach sieben Kilometern öffnet sich der Wald und ermöglicht mir einen Blick ins weite Traubenmeer. **Castell** liegt vor mir.

Die Weinberge zu meinen Füßen. Die imposante Kirche lehnt am steilen Hang, der letzte Turm der alten Burganlage thront auf ihr. Fast wie ein kleines Paradies aus *Tausendundeiner Nacht*. Der Schlossberg als beste Weinlage des Ortes wacht über dem Dorf. Am Rande des Waldes reihen sich die Weinberge von Greuth und Abtswind in hübschen Hügelformen auf. In der Ferne kann ich den höchstgelegenen Weinberg Frankens – den Handthaler Stollberg – und die Reste der Ruine Stollburg in Handthal sehen. Und sogar die Vogelsburg an der Mainschleife auf der berühmten Weinbergslage Escherndorfer Lump ist deutlich zu erkennen.

Hier verlasse ich nun den *Steigerwald-Panoramaweg* und steige hinab ins (ausgeschilderte) Dorf. Viele Rebstöcke säumen den Weg rechts und links. Die Reben hier, vorrangig Silvaner, sind schon sehr alt. Prächtige Stämme zeugen davon. Die Trauben sehen gesund aus. Ich wiederhole mich: Es scheint ein fantastisches Weinjahr zu werden.

Ich durchstreife die Weinberge des Kugelspiels, die Kirche immer im Blick, bis ich diese schließlich auch erreiche. Ob ich wohl eintreten darf? Ich bewege vorsichtig die Türklinke – und die Türe geht auf. Die Schlichtheit des Kircheninneren offenbart sich mir nun. Die Sonne wirft hübsche Schatten

Die Casteller Johanneskirche und ein Teil des Schlosses vom Schlosspark aus gesehen

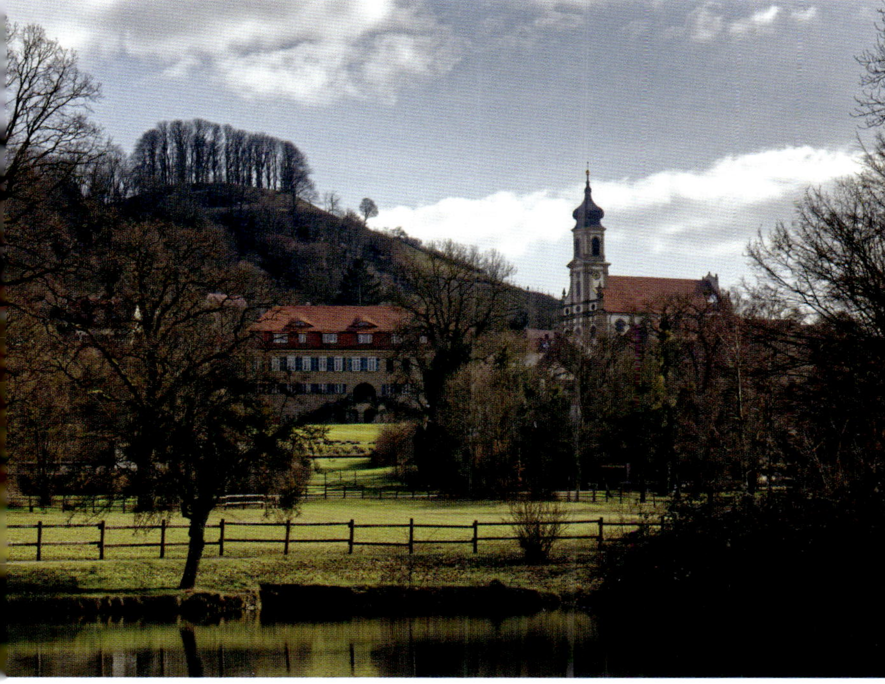

durch die Bleiglasfenster. Der Alabasteraltar zeigt sich von einer zurückhaltenden Schönheit.

Bergabwärts führt mich mein Weg vorbei an der Museumsscheune, die jeden Gast tagtäglich zum Eintritt oder auch zur Rast einlädt. Das liebevoll restaurierte alte Dorfhaus bietet als kleines Museum reichlich Einblicke in die Arbeit der Winzer. Die steile Straße hinunter folge ich dem Dorfrundgang – vorbei am ältesten Rebstock Deutschlands, der sich gemütlich an die Gebäudemauer des Casteller Archivs lehnt. Am Fuße des Kniebrecher, wie diese steile Straße zurecht heißt, wende ich mich dem Schlosspark zu und durchstreife ihn. Das Areal der in Castell ansässigen Fürstenfamilie Castell-Castell steht jedem Gast offen. Es ist durchzogen von einem kleinen Bachlauf, der das berühmte Bitterwasser führt, welches Castell einst zum Wildbad machte. Der freie Blick auf das von der Fürstenfamilie bewohnte Schloss mit seiner gepflegten Parkanlage strahlt beschauliche Ruhe aus.

Nach genussreicher Einkehr führt mich meine Wanderung entlang der Weinberge über den ausgeschilderten *Steigerwald-Weinwanderweg* über weitere 13 Kilometer nach Iphofen zurück.

Antje Schmelke-Sachs

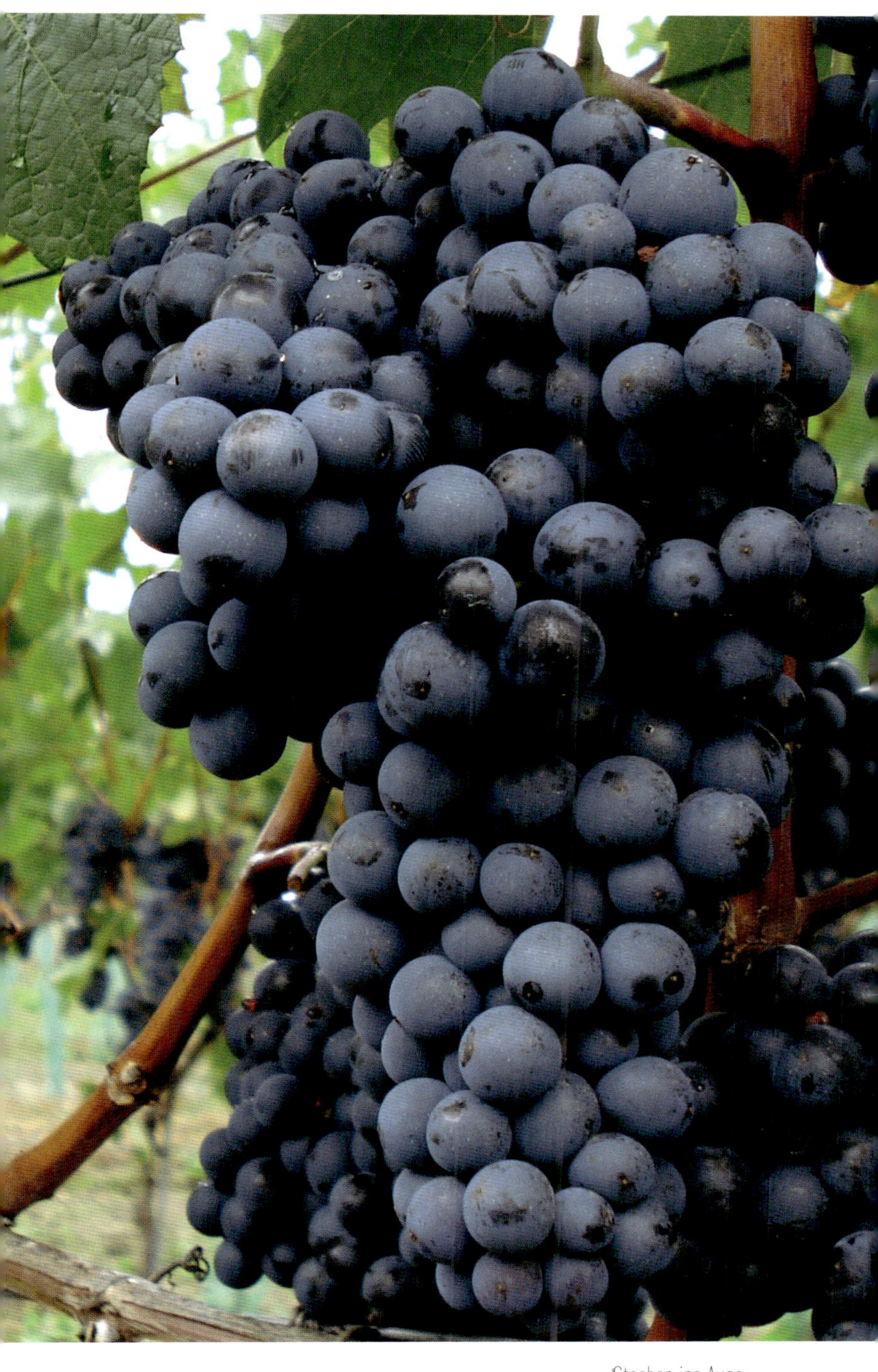

Stechen ins Auge:
reife Dominatrauben

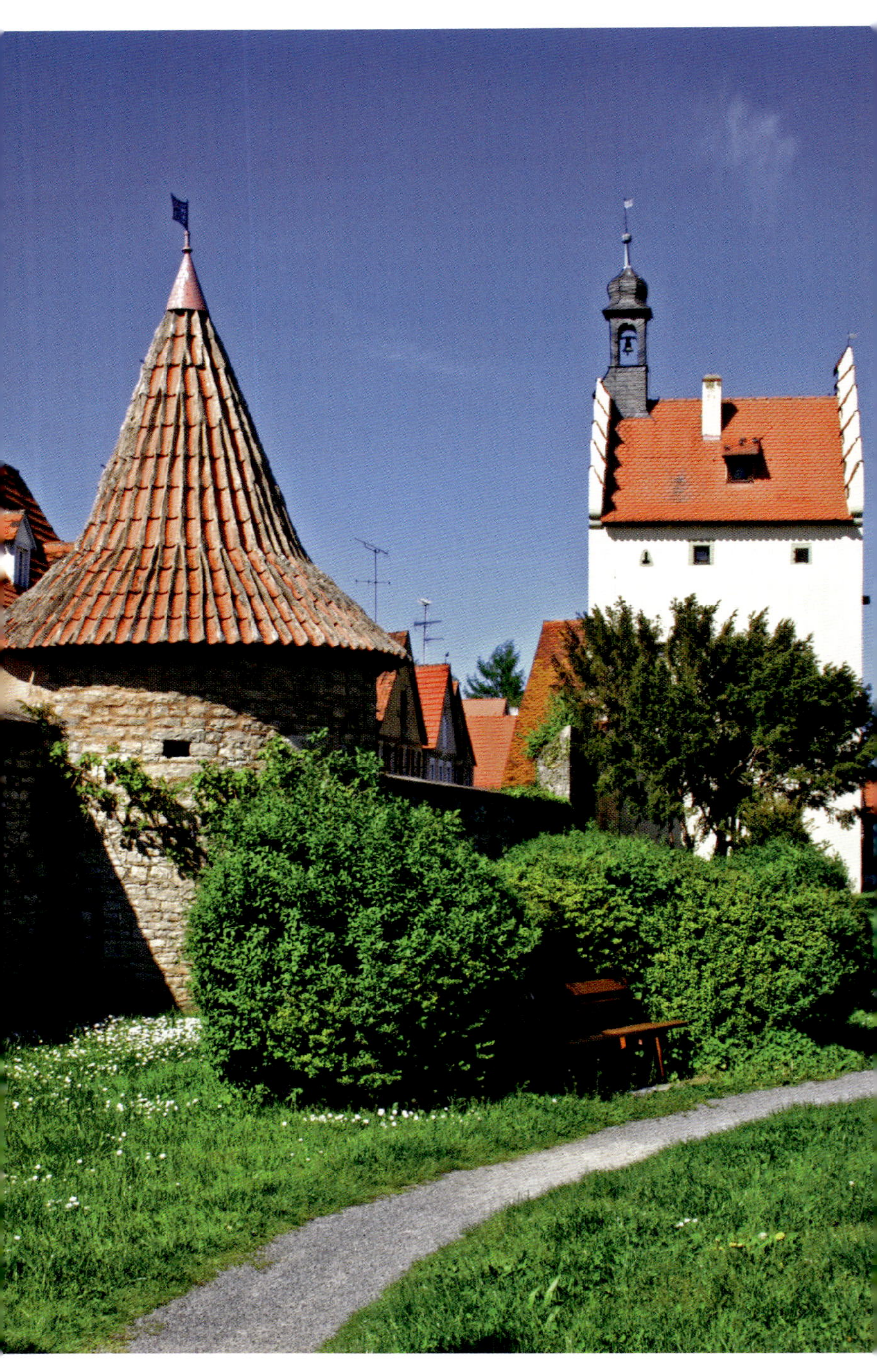

Einer von 21 Türmen der gut erhaltenen
Sulzfelder Stadtmauer und das Stadttor

Weinfranken-Architektur-Tour mit dem Rad

Tour 4

Weingenuss, Historie und hübsche Dörfer

Diese Radtour verdient den Namen »Wein-Genuss-Tour«. Eine Vielzahl bester Weingüter liegen am Weg. Feine fränkische Lokalitäten laden zur Einkehr ein. Weinberge von prächtigem Ausmaß rechts und links des Weges, aber auch verwunschene Einsamkeit entlang von Wiesen und Feldern entführen Sie (abseits der Touristenströme) in meine heile Franken-Wein-Welt, das Ganze gespickt mit historischer und gelungen restaurierter Architektur. Bestens erhaltene Stadtmauern, Türme, Tore, Fachwerk- und Sandsteinbauten von faszinierender Schönheit.

Strecke: Frickenhausen – Segnitz – Sulzfeld – Kitzingen – Mainbernheim – Willanzheim – Obernbreit – Marktbreit – Frickenhausen

Länge: ca. 40 km (Rundtour)

Höhenunterschied: ca. 100 m

Markierung: allgemeine, deutschlandweit einheitliche Radwegbeschilderung

Einstiegspunkt: Parkplatz am Mainufer Frickenhausen

Anreise mit dem Pkw: Parkmöglichkeit am Parkplatz beim Mainufer in Frickenhausen

Anreise mit öffentlichen Verkehrsmitteln: RB über Würzburg–Ansbach, Ausstieg Markbreit, ab da kurzer Radweg (ca. 6 km) nach Frickenhausen

Radkartenempfehlung: *Radeln im Kitzinger Land*, hrsg. von Kitzinger Land/LRA Kitzingen, Kaiserstr. 4, 97318 Kitzingen, www.kitzinger-land.de

Wegbeschaffenheit: überwiegend gepflasterte, teils asphaltierte Wirtschaftswege, wenige Schotterwege

Schwierigkeitsgrad: wenige Steigungen und Abfahrten – großteils hügellose Radwege

Familientauglichkeit: schöne, nicht zu lange Radtour mit wenigen Höhenunterschieden, die auch immer wieder an Spielplätzen vorbeiführt

Wetter: Zu jeder Jahreszeit eine Reise wert; besonders in den Monaten April bis Oktober, wenn die Vegetation im vollen Saft steht, finden sich hier einsame, teils unberührte Fleckchen in der Natur am Wegesrand.

Übernachtungstipp:

Hotel Meintzinger, Babenbergplatz 4, 97252 Frickenhausen
Tel. 0 93 31/8 71 10, www.weingut-meintzinger.de
Imposantes Gebäude am Hauptplatz des Weindorfes mit individuell eingerichteten Zimmern und eigenem Weingut

Hier geht's lang

Das Radwegenetz mit seiner deutschlandweit einheitlichen Beschilderung führt Sie auf dieser Tour bestens von Ort zu Ort. Folgen Sie einfach den aufgelisteten Orten in ihrer Reihenfolge und beachten Sie gerne auch die folgenden Hinweise meiner Abstecher nach Iphofen und Mönchsondheim.

Mein Tipp: Längere Variante

Verlängern Sie die Tour um zwei lohnenswerte Randziele! Mönchsondheim mit seinem Kirchenburgmuseum ist mit acht Kilometern Umweg ab Willanzheim vielleicht einen Abstecher wert. Iphofen (s. auch S. 31) mit seiner komplett restaurierten Stadtmauer, der archi-

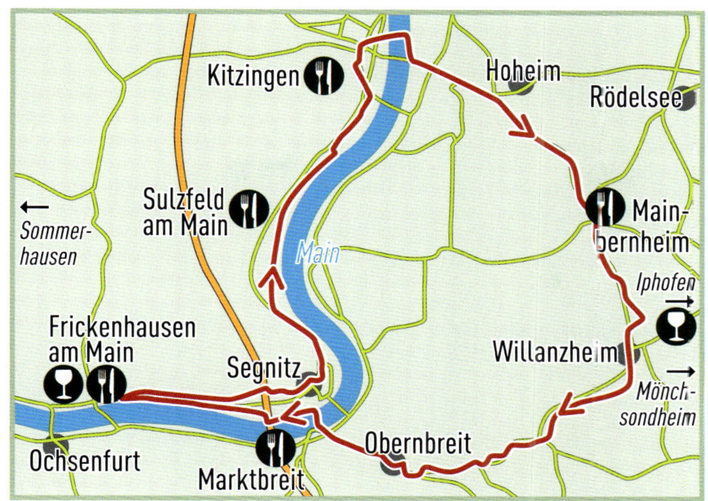

tektonisch reizvollen Innenstadt, zwei sehenswerten Museen, einigen ansprechenden Kunstgalerien und Goldschmieden, einer Vielzahl an Gastronomie und besten Weingütern erreichen Sie von Mainbernheim aus mit einer Wegverlängerung von sechs Kilometern.

Einkehrtipps:

Gasthaus Löwen, Langengasse 2, 97320 Sulzfeld am Main
Tel. 0 93 21/42 34, www.loewe-sulzfeld.de
Gute fränkische Küche in historischem Ambiente

Casa Konrad am Markt, Marktstr. 18, 97318 Kitzingen
Tel. 0 93 21/1 30 76 20, www.casa-konrad.de
Italienisch angehauchte Bar-Kultur, unkomplizierter Zwischenstopp in Kitzingen

Gasthaus Zum Falken, Herrnstr. 27, 97350 Mainbernheim
Tel. 0 93 23/8 72 80, www.zum-falken.de
Fränkische Küchentradition in hübschem Fachwerkhaus

Alter Esel, Marktstr. 10, 97340 Marktbreit,
Tel. 0 93 32/5 94 94 77, www.alteresel-marktbreit.de

Innovative Küche mit kompetentem Weinservice in schnuckeligem Altstadthaus

Weingut-Tipps:

Weingut Bickel-Stumpf, Kirchgasse 5, 97252 Frickenhausen
Tel. 0 93 31/28 47, www.bickel-stumpf.de
Feine Silvaner, die sowohl auf Muschelkalk als auch auf Buntsandstein wachsen

Weingut Ilmbacher Hof, Lange Gasse 36, 97346 Iphofen
Tel. 0 93 23/36 57, www.ilmbacher-hof.de
Winzermeister Thomas Fröhlich bringt Müller-Thurgau in die Flasche, die einzigartig sind

Mein kleines Frankenweinlexikon

Der Müller-Thurgau
Muskelprotz und Leichtgewicht. Frischling und reifes Gewächs. Tiefsinnig und lebensfroh. All das kann und ist er, unser Müller-Thurgau. In aller Welt verschrien als einfache Rebsorte, haben es die Franken geschafft, dem Müller-Thurgau ein neues Gesicht zu geben.
Unter dem Synonym »Rivaner« kommt er meist in seiner frischen, jugendlichen, unkomplizierten Art ins Glas.
Der Müller-Thurgau ist aber auch ein stolzer Franke! Erdig, würzig! Ich würde mich freuen, wenn Sie hin und wieder auch ein gutes Tröpfchen, am besten von alten Reben dieser Sorte, in Ihren Keller legen, ein kleines Schloss an die Tür hängen und es erst nach fünf, sechs Jahren mal wieder zum Probieren herausholen. Sie werden sehen: Er kann es! Alt werden, spannend bleiben und auch nach angenehmer Reifezeit Freude machen.
Aber er ist in seiner Schlichtheit auch guter Begleiter zur einfachen Brotzeit und Partner im Glas für ein kleines Menü. Seine (in der Regel mäßige) Säure macht ihn bekömmlicher als andere Rebsorten.

Das gibt's zu sehen

Mein Tag auf der Weinfranken-Architektur-Tour

Frickenhausen empfängt seine Gäste mit einem Kupferschild und der wohlklingenden Inschrift: »Hier beginnt der Süden.« Das zaubert mir schon bei der Anreise ein Lächeln ins Gesicht.

Vom Mainufer aus starte ich in Frickenhausen am Fluss entlang Richtung Segnitz los. Ein bestens befahrbarer Asphaltweg führt mich ins nächste Dorf, den Main auf der Rechten und die Weinberge zur Linken immer im Blick.

Segnitz ist bekannt für den und geprägt vom Gartenbau und seinen vielen Offerten rund um das landwirtschaftliche Handwerk. Gewächshäuser bestimmen das Bild am Ortsrand, am Wegesrand neben den Feldern wird frisches Gemüse verkauft.

Hinter Segnitz verläuft der Radweg für etwa zwei Kilometer auf der Straße direkt am Ufer des Mains. Für die kurze Strecke in Konkurrenz mit den Autofahrern lohnt es sich dennoch, auf dieser Mainseite zu verweilen. Denn **Sulzfeld am Main** ist in Sicht. Der Cyriakusberg und das Maustal sind der Stolz der Sulzfelder. Die beiden Weinbergslagen sind in voller Pracht vom Radweg aus zu sehen. Der historische Stadtkern kündigt sich auch schon in der Ferne an. Kleine Buchten und Plätze am Main laden vorher noch zu einem kurzen (Fuß-)Bad ein.

In Sulzfeld werden bei meinem letzten Besuch am Mainufer in geselliger Runde Wein ausgeschenkt und Bratwurst gegrillt. Dennoch zieht es mich ins Dorf. Die gepflasterten Gassen und eine wunderbar erhaltene Stadtmauer, die es zu umrunden gilt, lassen mich beschwingt und fasziniert zugleich das Städtchen erkunden. In die Stadtmauer hineingebaut finden sich Bauwerke von besonderer Architektur. Große, teils majestätisch wirkende Gebäude mit liebevoll restaurierten Fassaden, Fachwerkbauten, die ansehnlich und mit viel Detailarbeit hergerichtet worden, aber auch kleine Stadthäuser mit Sandsteinmauern wechseln sich im Stadtbild ab. Gute Winzerbetriebe und fränkische Gastronomie laden zum Verweilen ein. Die Meterbratwurst hat Kultstatus in Sulzfeld. Kaum ein Gasthaus öffnet, ohne die in Schneckenform aufgerollte Bratwurst von einem Meter Länge auf der Speisenkarte zu offerieren.

Weiter geht's nun – dem Flussverlauf folgend – Richtung Kitzingen.

Die innerörtliche Radwegbeschilderung bringt mich in **Kitzingen** schließlich in die Stadtmitte. Am Marktplatz gönne ich mir eine kurze Rast bei *Konrads* und schaue dem emsigen Treiben auf dem kleinen, grünen Wochenmarkt zu. Einen

Traumhaft gelegen: Kitzingen am Main

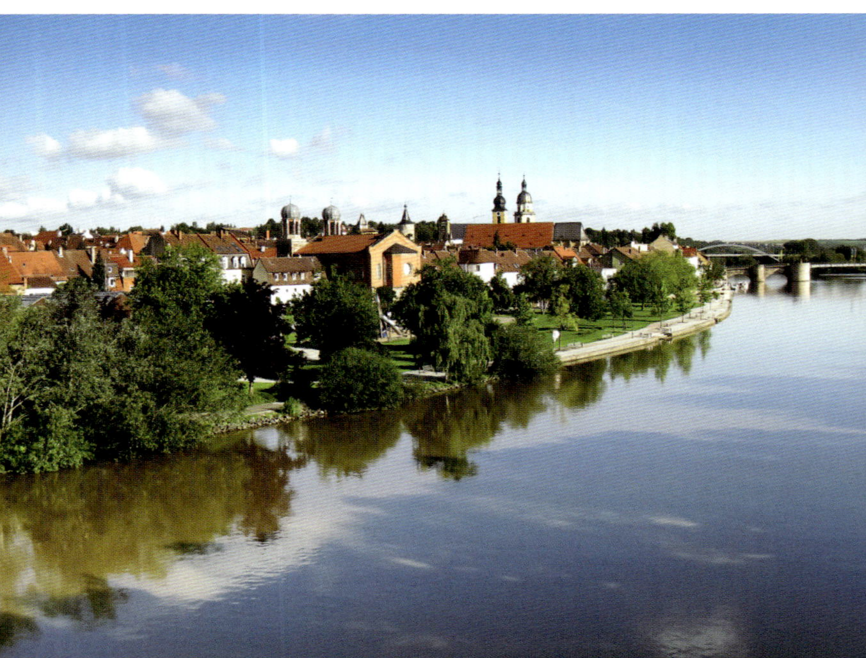

kurzen Blick werfe ich auch noch ins Rathaus mit seinen frei zugänglichen, wechselnden Kunstausstellungen, bevor ich mich über die Alte Mainbrücke, die heute nur noch für Fußgänger und Radfahrer freigegeben ist, Richtung Marktsteft in den Kitzinger Ortsteil Etwashausen und über den Fluss begebe. Ich verweile ein wenig auf der Brücke. Zu reizvoll ist die Sicht zurück auf die Stadt Kitzingen und ihr beschauliches Ufer, an dem hin und wieder ein Kreuzfahrtschiff eine Pause einlegt. Interessiert lese ich die Ankündigung des nächsten Stadtschoppens. Kitzingen bietet in der schönen Jahreszeit an diesem imposanten Platz auf der Brücke seinen Besuchern die Möglichkeit, jedes Wochenende ein anderes Weingut und dessen Weine zu entdecken. Von Topwinzern bis zu kleinen Neuentdeckungen kann man hier bei handgemachter Musik feine Frankenweine probieren, Persönlichkeiten kennenlernen, Philosophien austauschen oder einfach nur dem Treiben zuschauen.

Nach der Überquerung der Alten Mainbrücke orientiere ich mich zunächst den Schildern nach in Richtung Rödelsee/Hoheim, bis schließlich **Mainbernheim** ausgeschildert ist. Nach einem genüsslichen Mahl im *Gasthof Zum Falken* (dem Schäufele, einer typisch fränkischen Fleischspezialität von der Schweineschulter, konnte ich nicht wiederstehen) und verstohlenen Blicken in den ein oder anderen Innenhof von Mainbernheim geht's weiter.

Auswärts des Dorfes Mainbernheim bietet sich ein Abstecher zum ausgeschilderten Flurdenkmal »Das versunkene Dorf« an. Ein Fleckchen Erde, das vielleicht unscheinbar, aber auf mich auch wie ein Ruhepol wirkt. Einige Hundert Meter weiter offenbart zudem ein betreutes Vogelschutzgebiet Einblicke in die heile Natur und die Brutstätte des auf der roten Liste stehenden Ortolans.

Weitsichten und Ruhe

Weiter geht's mit Blick in Richtung Schwanberg (s. S. 31) und seiner wunderschönen Lage Iphöfer Kalb zur Linken und Aussichten bis ins Weinparadies (s. S. 19), eine ebenfalls besuchenswerte Weinregion, zur Rechten. Kurz vor **Willanzheim** lädt eine kleine Kapelle auf dem *Dorfkulturweg* zur Rast.

Im Ort folge ich dem Radweg Richtung Marktbreit–Tiefenstockheim, der kurz vorm Ortsausgang rechts zur – wie verwunschen wirkenden – *Hagenmühle* (s. S. 20) abzweigt. Durch unberührte Natur, vorbei an gesunden Wiesen, Holunderbüschen und alten Steinbrüchen führt er durch Tiefenstockheim weiter Richtung Marktbreit über einen Schotterweg. Blühende Wiesen voller wilder Fenchelpflanzen und Oregano sowie Walnussbüsche säumen ihn. Ein Bach schlängelt sich entlang, Schatten spendende Eichen laden zu einer Pause im saftigen Gras ein.

Parallel zur Straße führt der Schotterweg zunächst nach **Obernbreit**. In der Ortsmitte am Rathaus pausiere ich und sehe eine Zeit lang dem Plätschern des Brunnenwassers zu. Die Huckelkätz, weibliche Symbolfiguren von Obernbreit vor dem Rathaus, lächeln mich an. Eine Bütte, eine Harke, eine Sichel und eine Ziege führen die beiden Damen aus Gusseisen im Schlepptau und vermitteln die schwere Arbeit in früheren Zeiten, welche die Frauen in diesem Dorf leisteten.

Ab dem Rathaus fahre ich weiter. Doch es fehlt mir nun die korrekte Ausschilderung des Radweges Richtung Marktbreit. Ich biege in die Straße rechts ein und folge nach wenigen Hundert Metern – noch vor der Brücke – dem Radwegschild in Richtung Markbreit.

Die Südspitze des Maindreiecks

In **Marktbreit** angekommen, nehme ich mir Zeit für die sogenannte »Hochburg des Kaffeehandels«, wie sich Markbreit auch

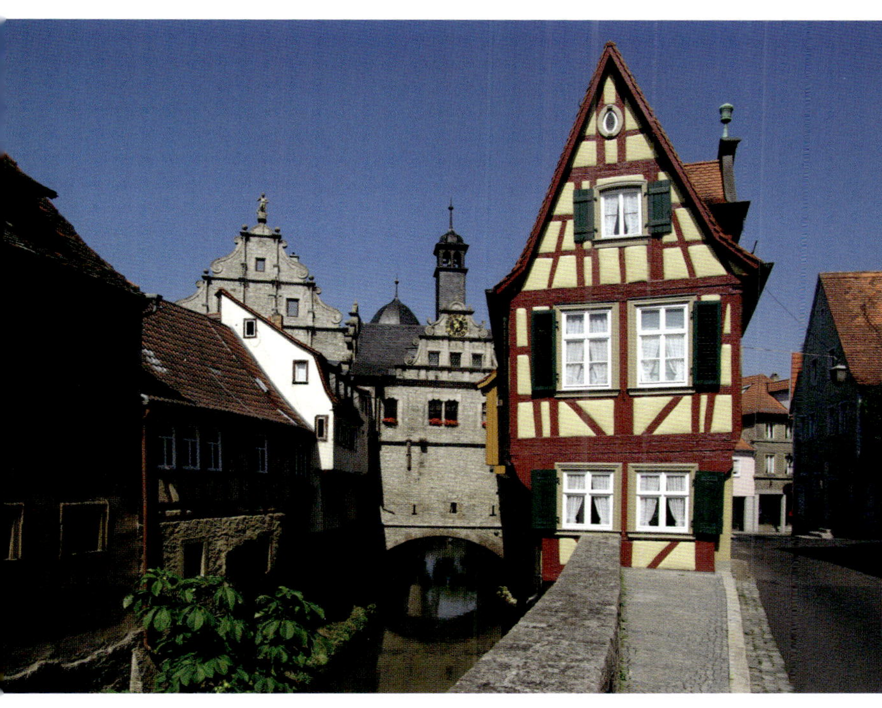

Das Malerwinkelhaus in Marktbreit

bezeichnet. Mir haben es auch hier die imposanten Bauwerke angetan, die die gesamte Altstadt schmücken. Sandsteinbauten, stolze Renaissancehäuser und schmucke, teils farbig bemalte Fachwerke reihen sich in der am Hang gelegenen Stadt nebeneinander. Kreuz und quer zieht es mich durch die schmalen Gassen. Im *Alten Esel* kurz vor dem beeindruckenden Stadttor kehre ich ein weiteres Mal ein und entdecke alsbald darauf in derselbigen Gasse eine versteckte kleine Eisdiele, die mir mit einem Kügelchen kalter, wohlschmeckender Köstlichkeit ein feines Dessert bietet.

Nun geht's zurück nach **Frickenhausen**. Der Radwegbeschilderung Richtung Kitzingen folgend durchquere ich eine Unterführung auf Höhe der Mainbrücke und folge dann den Schildern Richtung Sulzfeld und weiter zu meinem Ausgangsort.

Antje Schmelke-Sachs

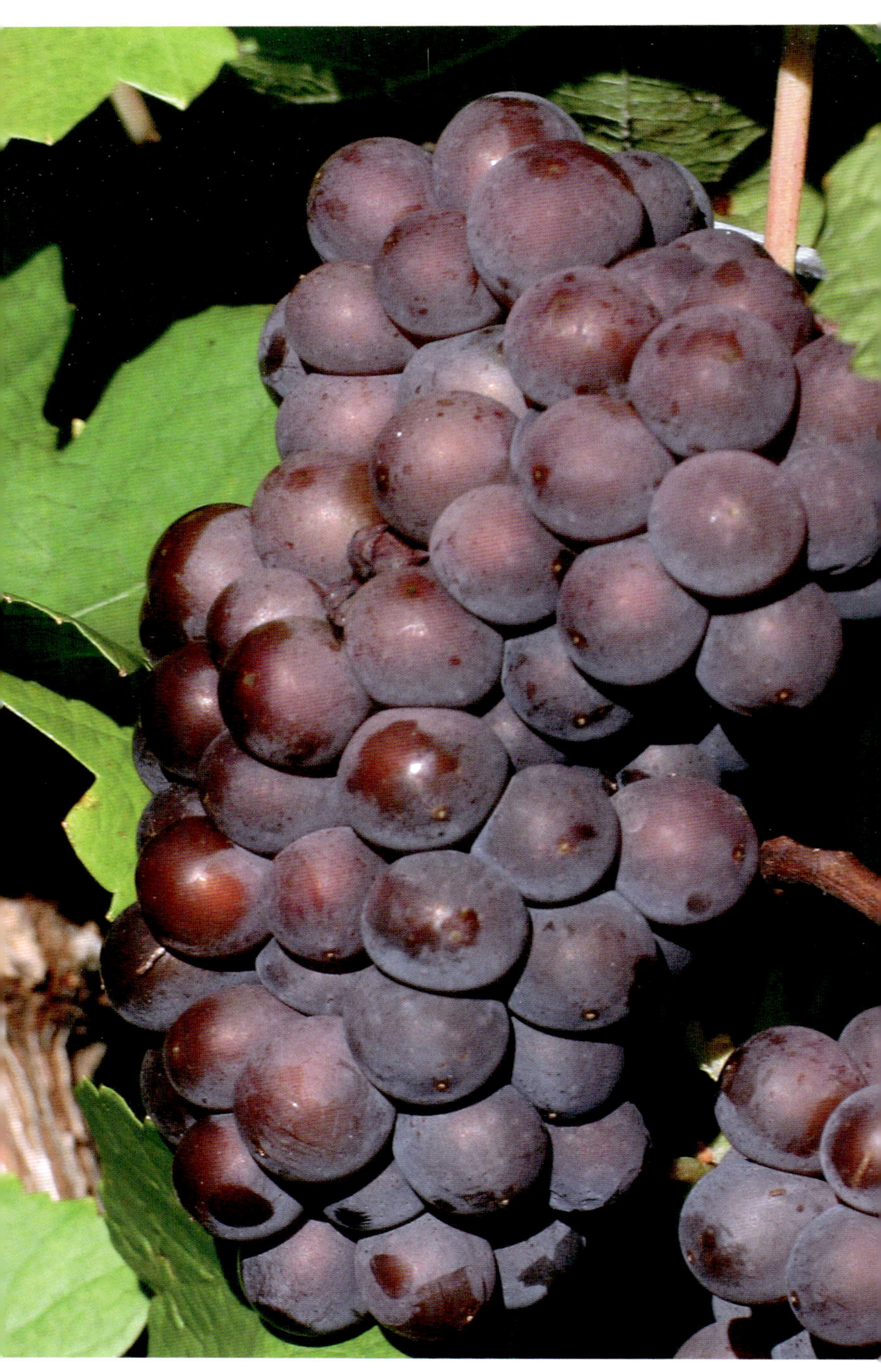

Grauburgundertrauben –
erntereif

Mainschleife, Steilhänge und unzählige Weingüter

Tour 5

Kleine Radtour rund um die Maininsel

Die Insel, die doch keine ist?! Der bezaubernde Lauf des ursprünglich belassenen Mains und der moderne Main-Kanal haben diese Weininsel entstehen lassen. Die größte zusammenhängende Weinbergsfläche Frankens verbindet auf ihr die Orte Sommerach und Nordheim miteinander. Wein, wohin das Auge schaut. Wanderwege in Hülle und Fülle. Winzer in beeindruckender Anzahl. Und Volkach als hübsches Touristenstädtchen vor ihrer »Tür«. Rundherum beste Voraussetzungen für einen weinseeligen Urlaub im Herzen des fränkischen Weinlandes.

Strecke: Sommerach – Nordheim – Escherndorf – Volkach – Sommerach

Länge: 16 km (Rundtour)

Markierung: deutschlandweit einheitliche Radwegbeschilderung

Einstiegspunkt: Sommerach Rathaus

Anreise mit dem Pkw: Parkmöglichkeit am Parkplatz beim Campingplatz Sommerach, von hier mit dem Rad bzw. zu Fuß über die Maintorstraße zur Ortsmitte/Rathaus

Anreise mit öffentlichen Verkehrsmitteln: Sommerach ist recht schlecht mit dem Fahrrad im Gepäck und öffentlichen Verkehrsmitteln zu erreichen. Busverbindungen bestehen ab Kitzingen. Kitzingen ist Haltepunkt an der Bahnstrecke Würzburg–Nürnberg.

Radkartenempfehlung: *Radeln im Kitzinger Land*, hrsg. von Kitzinger Land/LRA Kitzingen, Kaiserstr. 4, 97318 Kitzingen, www.kitzinger-land.de

Wegbeschaffenheit: geteerte und gepflasterte Wirtschaftswege, auch gut geeignet für Kinderwagen und Rollstuhl

Schwierigkeitsgrad: leicht; keine Steigungen u. Abfahrten, komplett ebener Weg

Familientauglichkeit: In allen Orten entlang der Tour finden sich schöne, teils sehr große Spielplätze. Am Mainufer in Nordheim lädt sogar ein Strand zum Buddeln ein.

Wetter: zu jeder Jahreszeit eine Reise wert

Übernachtungstipp:

Villa Sommerach: Hübsche barocke Stadtvilla mit privater Atmosphäre und wenigen Zimmern
Nordheimer Str. 13, 97334 Sommerach
Tel. 0 93 81/80 24 85, www.villa-sommerach.de

Servicetipp:

Tourist-Information Volkach am Main, www.volkach.de
Hier finden Sie sehr übersichtlich alle Events, Weinerlebnis-Franken-Führungen, Museumsöffnungszeiten, Infos zu Weinproben und vieles mehr aufbereitet. Auch direkt buchbare Unterkünfte.

Hier geht's lang

Die Rundtour ist bestens über die deutschlandweit üblichen Radwegschilder gekennzeichnet. Umfahren Sie die sogenannte Weininsel mit kleinem Abstecher in den berühmten Weinort Escherndorf und Zwischenstopp in der Weinstadt Volkach. Die Tour ist eine kleine Startrunde zur ersten Erkundung der Mainschleife, perfekt für den ersten Urlaubstag oder eben einen entspannten Tagesausflug.

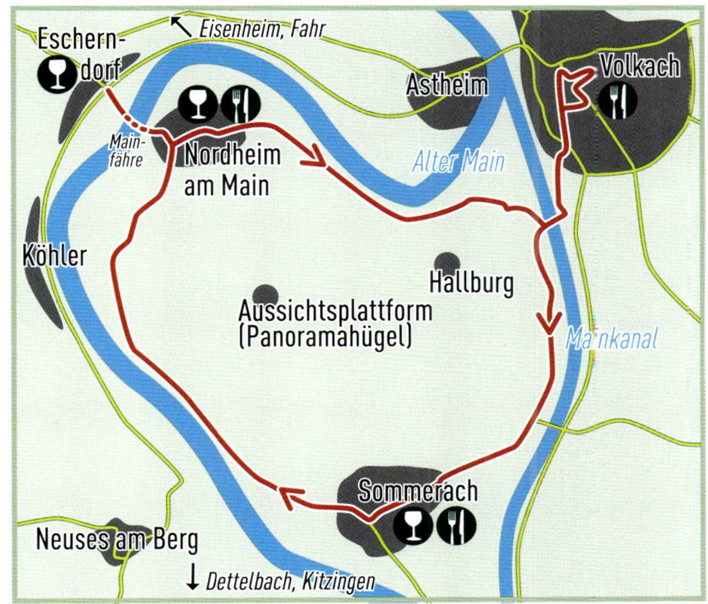

Mein Tipp für Wanderer:

Diese Tour lässt sich auch hervorragend zu Fuß genießen!

Panorama-Tipp:

Der Panoramahügel – einziger »360°-Rund-um-Blick« in der Region. Von hier aus können Sie bis in den tiefen Steigerwald schauen, auf die Berggipfel der Rhön und der Hassberge. Kleine, etwas unscheinbare braune Hinweisschilder in den Weinbergen weisen den Weg zum Panoramahügel.

Einkehrtipps:

Winzerkeller Sommerach: Ausschank in modernem Ambiente mit ordentlichen Genossenschaftsweinen und kalten Kleinigkeiten zum Essen
Zum Katzenkopf 1, 97334 Sommerach
Tel. 0 39 81/8 06 10, www.winzer-sommerach.de

Werkstatt Crêperie Nordheim: Unikatschmuck mit Seltenheitswert; feine Crêpes, leckeren Kaffee und einen Querschnitt bester Trinkweine der örtlichen Winzer gibt's obendrein Sommeracher Str. 2, 97334 Nordheim am Main
Tel. 0 93 81/8 46 15 68, www.wegano.de

Weinbar FahrAway: stylisches Interieur und kreativer Verkaufsshop, Hauptstr. 34, 97332 Volkach
Tel. 0 93 81/7 17 42 77, www.weinbar-fahraway.de

Gasthaus zur Krone: gute Saisonküche zu Weinen der Escherndorfer Winzerbetriebe serviert man im ältesten Genossenschaftsgasthaus Bayerns hinter hübschen Bleiglasfenstern
Bocksbeutelstr. 1, 97322 Volkach-Escherndorf
Tel. 0 93 81/28 50, www.krone-escherndorf.de

Weingüter-Tipps für Escherndorf:

Egon Schäffer: durchgegorene Weine, fränkisch und tiefsinnig www.weingut-schaeffer.de

Horst Sauer: prämierte Gesamtkollektion und beste Süßweine www.weingut-horst-sauer.de

Michael Fröhlich: super Riesling
www.weingut-michael-froehlich.de

Clemens Fröhlich: fantastischer Traubensaft, kräftig-trockene Weine, www.weingut-froehlich.de

Rainer Sauer: der Silvanerspezialist an der Mainschleife www.weingut-rainer-sauer.de

Weingüter-Tipps für Nordheim:

Waldemar Braun: feiner Scheurebensekt, gute Silvaner- und Burgundervielfalt, www.weingut-waldemar-braun.de

Peter Rudloff: stahlig-klare Weine mit Eleganz
www.weingut-rudloff.de

Glaser-Himmelstoss: beste Weine mit Reifepotenzial
www.weingut-glaser-himmelstoss.de

Familienweingut Johannes Nickel: junges Weingut mit tollen Alltagsweinen, www.nickel-wein.de

Kleine Weinkunde – Trauben

Jede Weintraube, die sich einmal zu einem genüsslichen Tropfen in der Flasche entwickeln wird, ist in ihrem Entstehungsstadium grün. Nach der Weinblüte, die in der Regel im Juni stattfindet, entwickeln sich aus den sogenannten Gescheinen kleine Trauben. Stück für Stück wachsen diese heran und »widmen« sich ihrer Reife. Ab August färbt sich die Traube dann golden, manchmal auch braun, bläulich oder rot. Und im September, wenn die Trauben in der Regel gelesen werden, erkennen wir sie schon aus der Ferne. Die rosa Farbe des Gewürztraminers, die äußerst kompakte, grünliche Traube des Rieslings, das leichte Rot-Blau des Grauen Burgunders. Der Winzer erkennt die Traubensorte am Blatt. Jede hat ein markantes Merkmal. Für den Laien ist es aber schwer, alle Unterschiede zu sehen. Wir, die Gäste der Winzer, erkennen sie vielleicht eher am Geschmack. Manche schmecken nach Grapefruit – das könnte eine Scheurebe oder ein Bacchus sein. Andere wiederum sind von zartem Rosenaroma geprägt – das ist vielleicht eine der vielen Muskatellersorten. Und hinter Trauben, die erst einmal keine speziellen Aromen auf unserer Zunge tanzen lassen, entpuppen sich oft ein Silvaner oder Müller-Thurgau. Vordergründig unscheinbar, aber vergoren, als fertiger Wein, nicht wegzudenken in den fränkischen Esszimmern. Vielleicht begegnen Sie auf Ihrer Tour einem Winzer bei der Weinbergsarbeit, der Sie zum Traubennaschen einlädt.

Das gibt's zu sehen

Mein Tag auf der kleinen Radtour rund um die Maininsel

Emsiges Treiben herrscht an diesem Augustmorgen im hübschen Weindorf **Sommerach**. Die Menschen sind gut gelaunt.

Sonne und Wolken wechseln sich ab. Ein perfekter Tag für die erste Erkundungstour rund um die Maininsel.

In nördlicher Richtung starte ich gemütlichen Trittes nach Nordheim. Weinberge, wohin das Auge reicht. Trauben in Grün, Gelb, Lachs, Rosé, Lila – und sogar schwarze habe ich entdeckt. Wenn das kein guter Vorgeschmack auf meine erste Weingutseinkehr des Tages ist! Nach wenigen Kilometern erreiche ich bereits **Nordheim** und gönne mir erst einmal einen guten Kaffee in der *Werkstatt Crêperie*. Es ist dann doch noch ein wenig zu früh für Wein …

Die gegenüberliegende *Winzergenossenschaft Divino* wirkt ebenfalls einladend. Ich trete ein und streife durch das imposant gestaltete Gebäude. Eine Ausstellung moderner Kunst im Obergeschoss lädt zur freien Erkundung ein. An der Aromabar schule ich noch einmal mein Näschen, bevor ich zum Mainufer bummle. Die Strandkörbe am Ufer sind zu verlockend. Ich setze mich hinein und schaue dem Treiben zu. Die Fähre fährt emsig von einem Ufer zum anderen. Es hat etwas Nostalgisches, dieses kleine tuckernde Gefährt, das ganz sicher mehr ist als nur eine Touristenattraktion. Schon morgens um 6 Uhr beginnt sein Fahrdienst. Die Fähre ist wichtiges Transportmittel für die vielen Winzer, die in den vom Main getrennten Orten Nordheim und Escherndorf leben und arbeiten.

Von ihrer Schönheit berauscht, betrachte ich die steilen Hänge am gegenüberliegenden Ufer. Die Weinlagen Escherndorfer Lump und Fürstenberg sind von hier aus in ihrer ganzen Pracht zu sehen. Unvorstellbar, dass man bei dieser Hangneigung gefahrenfrei arbeiten und Wein ernten kann. Das will ich jetzt genauer wissen … Ich lasse mich vom Fährmann übersetzen und besuche ein Weingut im (auf den ersten Blick) unscheinbaren **Escherndorf**.

Meine Zweifel werden schnell beiseite geräumt. Die Winzer sind bester Laune, und die Rebentropfen, die mir zur Verkos-

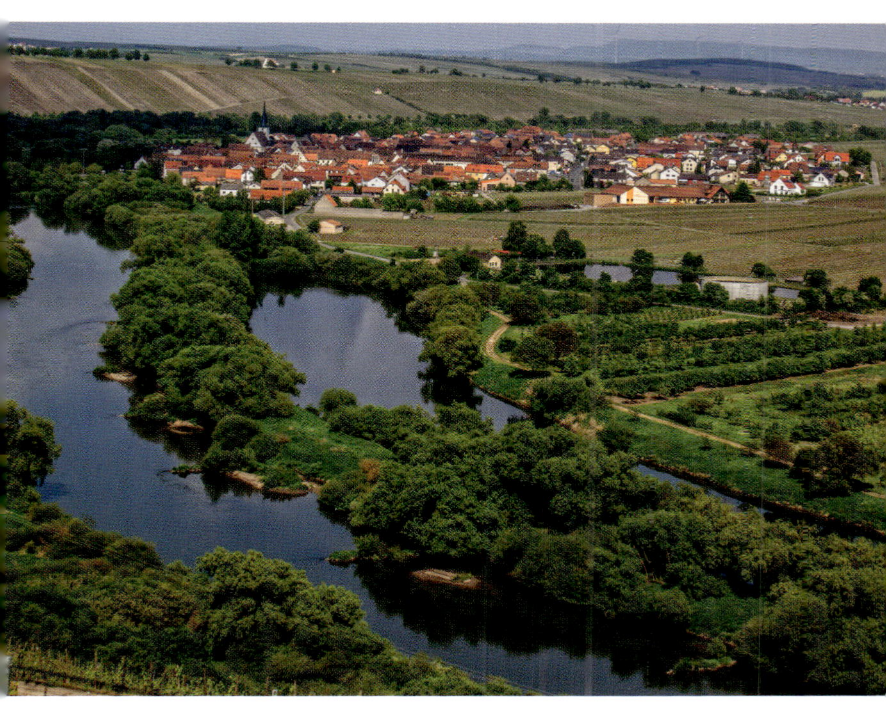

Der Altmain bei Escherndorf

tung vorgestellt werden, überzeugen nachhaltig. Wussten Sie, dass Escherndorf eine der größten Ansammlungen von Spitzenwinzern aufweist? Es ist dann auch schwer, sich für einen zu entscheiden. Zu gut und mit zu differenzierten Stilen gespickt sind die Weine der hiesigen Weingüter.

Die Mainüberquerung steht nun an

Auf meiner Rückfahrt mit der Fähre beschließe ich, auch bei den Winzern von **Nordheim** und von ihrer bekannten Lage Nordheimer Vögelein das ein oder andere Rebentröpfchen zu probieren. Oft stehen die Türen hier weit offen. Vielmals wird man herzlich willkommen geheißen in den Höfen der Weingüter.

Nun ist es aber an der Zeit, wieder aufs Rad zu steigen. Volkach ist mein nächstes Ziel. Entlang des teilweise ungestümen, natürlich belassenen Altmainarmes führt der gut ausgebaute Radweg zum Mainkanal, an dem ich nun Richtung Volkach abbiege.

Noch bevor ich den Ort erreiche, passiere ich unzählige Kanus, die am Ufer auf Gäste warten. Die Paddeltour auf dem nicht schiffbaren Teil des Mains kann hier begonnen werden (s. auch S. 65). Professionell organisiert darf man auf eigene Faust die Weinorte vom Wasser aus entdecken und wird am Ende der Kanutour wieder zum Startpunkt zurückchauffiert.

Der Marktplatz von Volkach

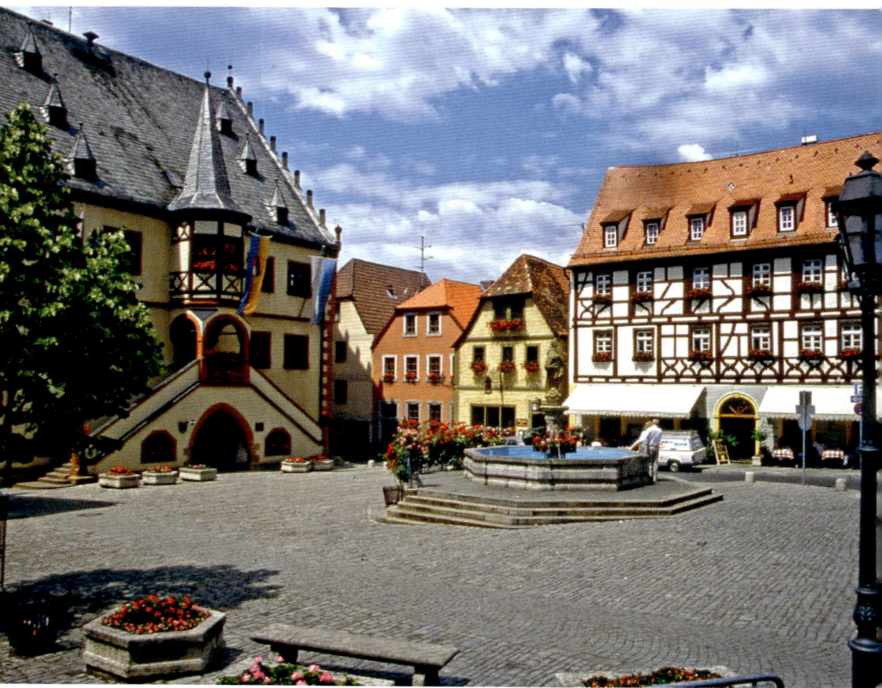

Eine Pause nach halber Wegstrecke

Das Städtchen **Volkach** (s. auch S. 9, 65 u. 79) lädt mit unzähliger Gastronomie und vielen Hotels entlang der ebenmäßig restaurierten Hauptstraße zum Flanieren ein. Am Marktplatz vor dem beeindruckenden Rathaus gibt's allerlei Brunnenschoppen zu probieren. Die Menschen hier wirken losgelöst, sie sitzen auf Treppenstufen, plaudern und prosten sich zu. Ein hübscher Ort, um ihnen zuzusehen und sich von der Stimmung mitreißen zu lassen.

Stadtführung, Schiffstour, den Besuch der Wallfahrtskirche Maria im Weingarten und die Fahrt mit der nostalgischen Mainschleifenbahn hebe ich mir für einen anderen Urlaubstag auf. Volkach hat viel zu bieten und ist bestens auf Gäste vorbereitet. In der Tourist-Information, die sich im markanten Rathaus am Marktplatz befindet, werden alle sehenswerten Ziele beschrieben und bebildert. Gästeführungen und Veranstaltungen sind hier stehts aktuell für alle Gäste ausgeschrieben. Reichlich Material, um mehr als eine Urlaubswoche mit ereignisreichen Programmen zu füllen.

Zunächst wähle ich erneut den Radweg entlang des Mainkanals Richtung Nordheim. An der ersten Brücke überquere ich ihn und folge der sogenannten Obstallee Richtung Sommerach. Diese alte Landstraße wurde ansprechend gestaltet und teils mit alten Obstbaumsorten bestückt. Radler, Fußgänger und Segwayfahrer teilen sich den beliebten Weg.

Nach meiner Heimkehr in **Sommerach** gönne ich mir einen Querschnitt der örtlichen Winzer im Glas. Die Sommeracher Vinothek im Rathaus bietet mir in ungezwungener Atmosphäre Wein aller Winzer des Ortes. Das verschafft mir zunächst und zumindest einen guten *flüssigen* Einblick ins Weindorf …

Antje Schmelke-Sachs

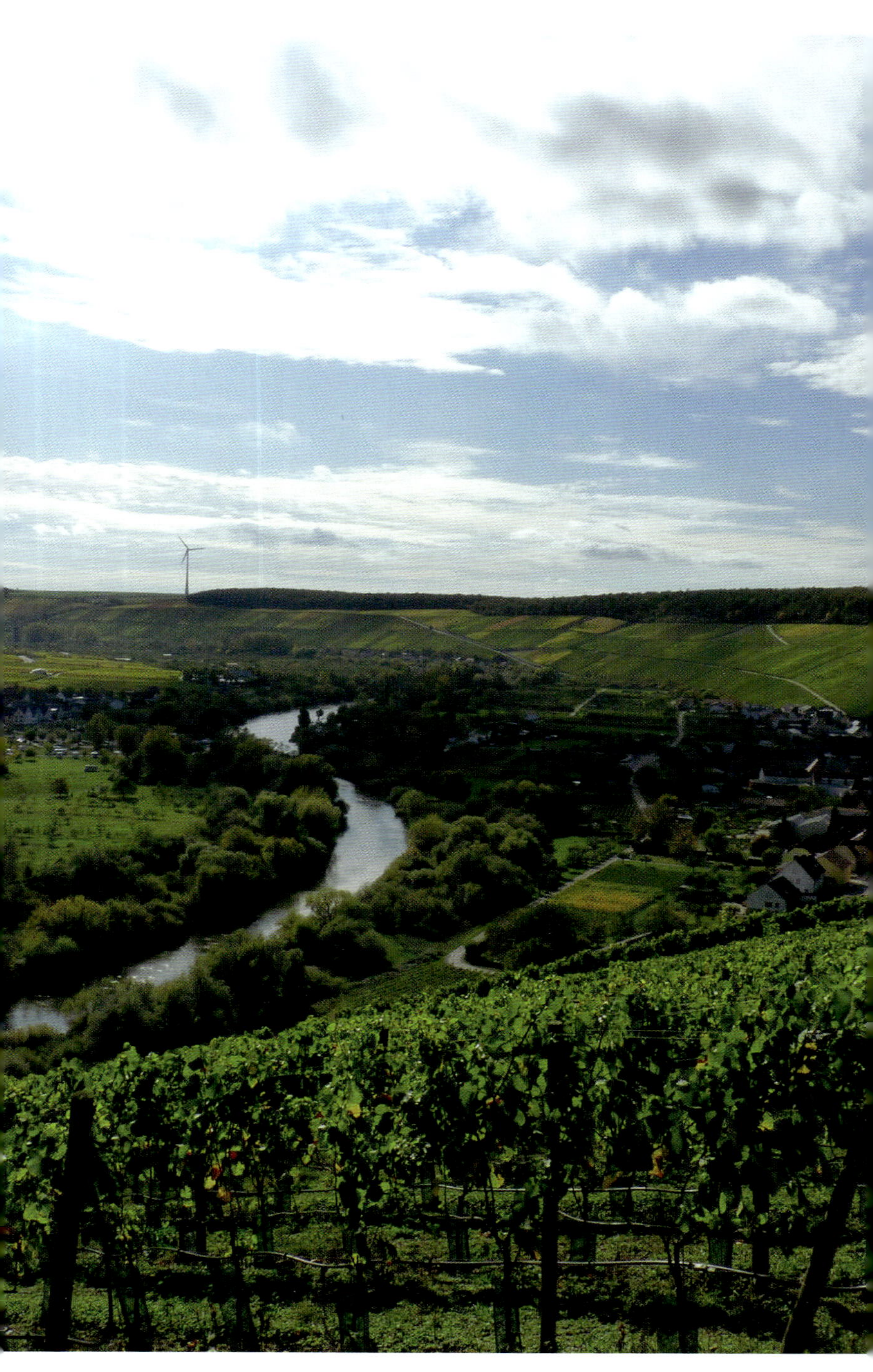

Blick von den Weinbergen um die Vogelsburg auf den Altmain, auf der rechten Mainseite Escherndorf, links ein Stück von Nordheim

Die Mainschleife erleben

Mit dem Kanu auf dem Altmain

Tour 6

Eine Kanufahrt von Fahr/Kaltenhausen nach Astheim und von dort über den naturbelassenen Altmain nach Köhler. Eine gleichermaßen sportliche wie erholsame Tour, bei der das Naturerlebnis im Vordergrund steht und die Mainschleife von einem anderen Blickwinkel – nämlich vom Wasser aus – erlebt werden kann.

Strecke: Köhler – Fahr (mit dem Auto) und Fahr – Astheim – Köhler (mit dem Kanu)

Länge: ca. 7 km (reine Kanufahrt)

Markierung: Gelbe-Welle-Schilder markieren Anlegestellen

Einstiegspunkt: Am einfachsten ist es, bis zum Kanuverleih, dem *Weingut Höhn*, in Köhler zu fahren. Man wird dann zusammen mit den Kanus und der Ausrüstung zum Startpunkt nach Fahr gebracht.

Anreise mit dem Auto: Parkplatz beim *Weingut Höhn*

Anreise mit den öffentlichen Verkehrsmitteln: In Köhler selbst halten nur wenige Busse, die Haltestellen in Escherndorf sind aber nur 1,5 km entfernt; Linie 8105 von Würzburg oder Volkach; Mai–Okt Mainschleifen-Shuttle (Linie 105).

Karte: Für diese kurze Tour ist keine Karte notwendig. Wollen Sie zur Sicherheit eine dabei haben, so eignet sich z. B. *Wandern und Radfahren an der Mainschleife,* 1:20.000, die in der Tourist-Information Volkach erhältlich ist.

Schwierigkeitsgrad: Leicht. Kanufahren ist auch ohne Vorkenntnisse möglich. Das Rudern und Steuern des Kanus kann am Anfang ungewohnt und unter Umständen auch anstrengend sein, meist hat man den Dreh aber recht schnell raus.

Familientauglichkeit: Auch Kinder haben sicherlich ihren Spaß beim Kanufahren. Wählt man ein entsprechendes Kanu, können die Kinder in der Mitte sitzen, ohne aktiv mitrudern zu müssen. Wichtig ist eine gut sitzende Rettungsweste für jeden Kanuten.

Wetter: Die Kanuverleiher haben meist Saison von Mai–Oktober. Kanufahren ist bei fast jedem Wetter möglich.

Übernachtungstipps:

Das *Weingut Höhn*, zu dem der Kanuverleih gehört, bietet auch Gästezimmer an. In näherer Entfernung in Escherndorf ist die *Pension Nunn* zu empfehlen, auf der anderen Mainseite in Nordheim das *Gasthaus zur Sonne*, außerdem gibt es einen Campingplatz in Escherndorf. Wer weiterfahren möchte und eine Unterkunft im Grünen sucht, der ist mit den Ferienwohnungen im *Elgersheimer Hof* gut bedient.

Weingut Höhn, Köhler 31, 97332 Volkach
Tel. 0 93 81/92 53, www.weingut-hoehn.de
Kanuverleih, Weingut und Gästezimmer

Elgersheimer Hof, Elgersheimer Hof 1, 97332 Volkach-Fahr
Tel. 0 93 81/99 21, www.elgersheimer-hof.de
Ferienwohnungen im ehem. Königsgut, mitten im Grünen u. teilweise rollstuhlgerecht

Domizil Nunn, Bocksbeutelstr. 47, 97332 Volkach-Escherndorf, Tel. 0 93 81/35 21, www.domizil-nunn.de
Familiengeführte Pension, reichhaltiges Frühstück, großzügige Zimmer

Campingplatz Escherndorf am Main
An der Güß 9A, 97332 Volkach-Escherndorf
Tel. 0 93 81/28 89, www.campingplatz-mainschleife.de
Geöffnet Apr–Okt, direkt am Main gelegen mit kleinem Sandstrand, familiengeführt

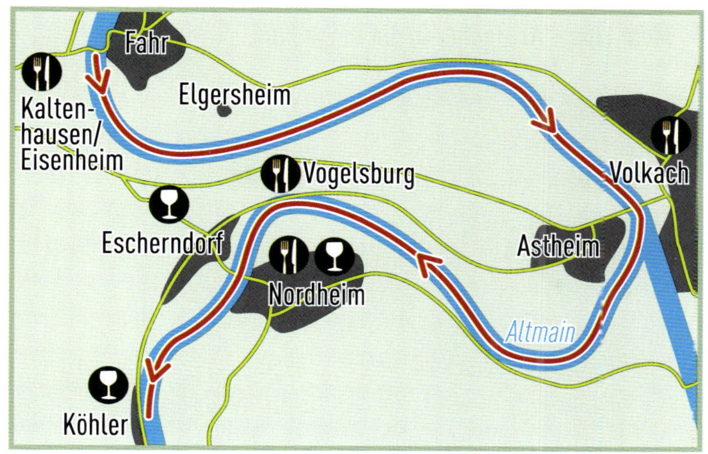

Hier geht's lang

Die Tour beginnt am *Weingut Höhn* in Köhler. Da dies auch die Ausstiegsstelle für die Kanus am Ende der Tour ist, geht es von hier zunächst mit Fahrzeugen des Weinguts nach Eisenheim-Kaltenhausen. Dort werden die Kanus zu Wasser gelassen und die eigentliche Kanutour beginnt. Fahr am Main wird links liegengelassen, es geht am *Elgersheimer Hof* (links) vorbei bis Volkach/Astheim. Dann geht es weg vom ausgebauten Kanal und in den Altmain. Hierfür ist es wichtig, sich bei Astheim rechts zu halten und die kleine Schleuse ganz rechts zu benutzen; wahrscheinlich muss eine Person aussteigen, um den Schleusenknopf zu bedienen, durch den das Wasser hinaus- und hineingepumpt und die Schleusentore geöffnet oder geschlossen werden. In den Sommermonaten kann es hier zu Staus kommen, da nur eine gewisse Anzahl an Booten in die Schleuse passt. Nach dem Schleusen geht es auf dem Altmain weiter bis zur Fähre Nordheim/Escherndorf und danach noch ein Stück bis zur Ausstiegsstelle in Köhler.

Mein Tipp – Abstecher in die Umgebung

Nehmen Sie sich Zeit für die Mainschleife. Gönnen Sie sich die Muße, diesen ursprünglichen Teil des Mains zu genießen, machen Sie eine Rast am sandigen Ufer und erfrischen Sie sich bei einem Bad im klaren Mainwasser. Suchen Sie sich eine schöne Unterkunft und genießen Sie ein Glas Wein direkt am Wasser. Besuchen Sie die Ortschaften Escherndorf auf der einen Seite sowie Nordheim und Sommerach auf der sogenannten Weininsel (s. S. 55) – das ist das Stück Land, das durch den ausgebauten Kanal vom Rest abgeschnitten wurde und nun wie eine große Insel wirkt. Nordheim mit dem kleinen Strand zum Altmain hin ist durch eine Fähre mit Escherndorf verbunden, das sich mit seinen engen Straßen an den Steilhang schmiegt. Sommerach bietet sich an für einen Spaziergung durch den historischen Ortskern und einen Besuch in der Vinothek *Weinreich*. Und Sie sollten einen Abstecher zur Vogelsburg machen, denn es ist ganz wunderbar, wenn man von oben den Blick auf den Altmain hat, den man vorher entlanggerudert ist, und die Orte und Weinberge sieht, durch die man geschlendert ist.

Einkehrtipps:

Biergarten Kaltenhausen, Kaltenhausen 1, 97247 Eisenheim
Tel. 0 93 86/90 32 58, Mai–Sep bei guter Witterung
Schattiger Biergarten mit typischen Mahlzeiten und Getränken, großer Spielbereich

Werkstatt Crêperie Nordheim, Sommeracher Str. 2, 97334 Nordheim, Tel. 0 93 81/8 46 15 68, www.wegano.de
Goldschmiede m. angeschlossenem Café, einfache Ausstattung

Gasthaus zur Sonne, Hauptstr. 18, 97334 Nordheim
Tel. 0 93 81/8 07 10, www.franken-sonne.de
Gehobene fränkische Küche, Eis-Laden mit selbst gemachtem Eis im Sommer

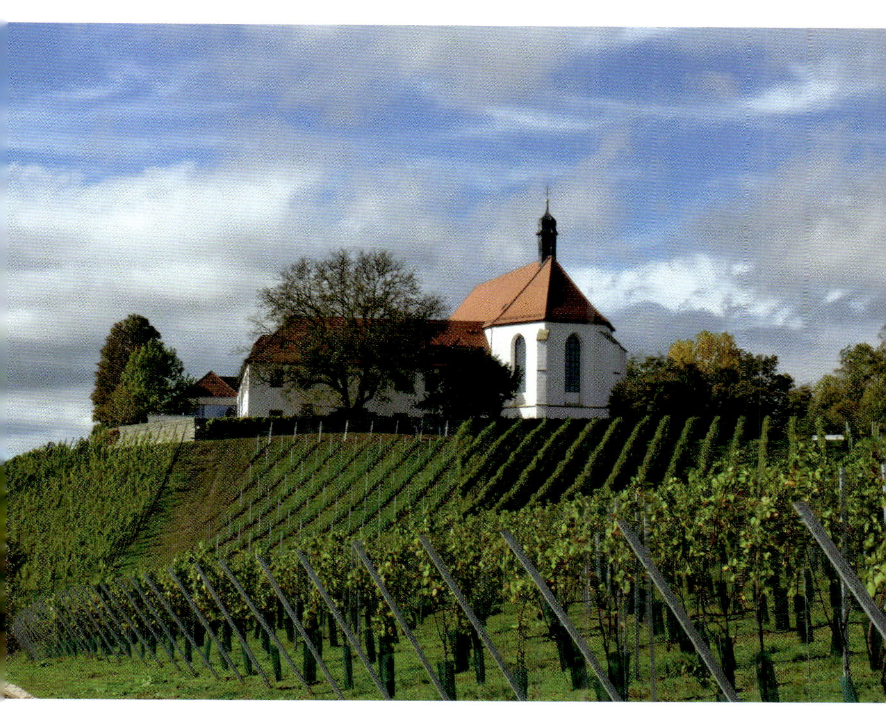

Vom Kanu aus zu sehen: die Vogelsburg (eine Wanderung durch die umgebenden Weinberge lohnt sich!)

Vogelsburg, Vogelsburg 1, 97332 Volkach
Tel. 0 93 81/7 10 89 70, www.vogelsburg-volkach.de
Wunderschöner Ausblick auf die Mainschleife mit Restaurant, Terrasse, Tagungsräumen und Hotelzimmern

Weingut-Tipp:

Weingut Rainer Sauer, Bocksbeutelstr. 15, 97332 Escherndorf
Tel. 0 93 81/2 527, www.weingut-rainer-sauer.de
VDP-Weingut mit einer ganzen Reihe an Auszeichnungen, umgebautes Weingut mit moderner Architektur in historischen Mauern

Einkaufstipps:

Divino Nordheim Thüngersheim eG
Langgasse 33, 97334 Nordheim am Main
Tel. 0 93 81/8 09 90, www.divino-wein.de
Vinothek; Kombination moderner u. historischer Architektur, großer, heller Verkaufsraum, Weine mit vielen Auszeichnungen

Vinothek Weinreich, Winzerkeller Sommerach eG
Zum Katzenkopf 1, 97334 Sommerach
Tel. 0 93 81/8 06 10, www.winzer-sommerach.de
Vinothek der Winzergenossenschaft Sommerach, Weinbar zum Draußensitzen, im Sommer Open-Air-Kino

An der Mainschleife finden sich einige Mainfähren, hier die Fähre zwischen Escherndorf und Nordheim

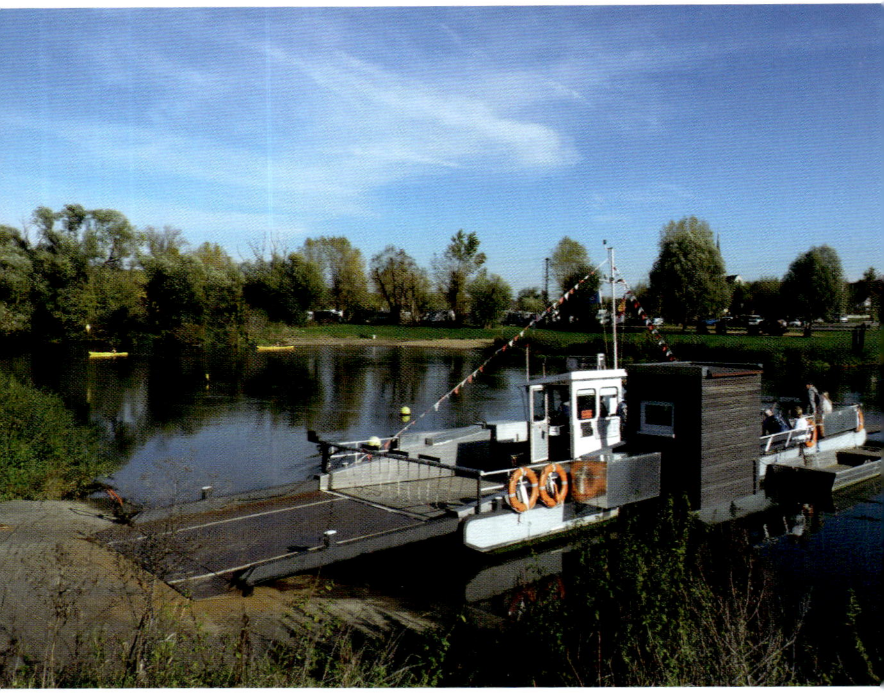

Kulturtipp:

Museum Kartause Astheim, Kartäuserstr. 16, 97332 Astheim
https://museen.bistum-wuerzburg.de/astheim
Über 600 Exponate christlicher Kunst vom 15.–19. Jh.

Servicetipps:

Tourist-Information Volkacher Mainschleife, im Rathaus
97332 Volkach, Tel. 0 93 81/4 01 12, www.volkach.de
Deutscher Kanu-Verband, Bertaallee 8, 47055 Duisburg
Tel. 02 03/99 75 90, www.kanu.de

Weitere Kanuverleihe:

Kanuverleih »Main Erlebnis«, Türkenstr. 1, 97247 Obereisenheim, Tel. 0 93 86/9 01 15, www.kanu-mainerlebnis.de
Kanuta Kanuverleih, Joh.-Adam-Kleinschroth-Str. 19, 97318 Kitzingen, Tel. 01 71/6 89 31 47, www.kanuta.de
Waterwalker, Ländestr. 3, 97332 Volkach
Tel. 0 93 05/9 88 21 10, waterwalker.de

Das gibt's zu sehen

Ich bin am Main aufgewachsen und kann mir gar nicht vorstellen, an einem Ort zu leben, wo es keinen See, Fluss oder wenigstens einen Bach gibt. Baden im Main (die Wasserqualität ist hervorragend) gehört für uns ebenso dazu wie diverse Wassersportarten. Einige paddeln gerne im Schlauchboot umher, manche nennen ein Motorboot ihr Eigen. Auch Stand-up-Paddling, Rudern und sogar Wasserski-Fahren sind hier beliebte Sportarten. Wer sich kein eigenes Sportgerät leisten kann oder will, der leiht sich eines – besonders beliebt sind Kanutouren an der Mainschleife. Die meisten Kanuverleihe haben eigene Tourenvorschläge, auch der Deutsche Kanu-Verband ist eine gute Anlaufstelle für die Planung.

Eine von vielen möglichen Touren möchte ich Ihnen hier vorstellen.

Hinweise zum Kanufahren

Bei Gewitter ist eine Kanufahrt lebensgefährlich! Bitte warten Sie in diesem Fall, bis das Gewitter vorbeigezogen ist.
Auf einer Kanutour ist es anzuraten, genug zu trinken und – vor allem bei heißem Wetter – auch ausreichend Wasser im Boot mitzuführen. Und mit Trinken meine ich auch wirklich Wasser (oder andere alkoholfreie Getränke) – bitte heben Sie sich den guten Frankenwein für den Genuss nach der Bootsfahrt auf. Denn auch auf dem Wasser gibt es Promillegrenzen, äquivalent wie im Straßenverkehr. (www.bussgeld-katalog.org/promillegrenze-schifffahrt/)
Denken Sie auch an Sonnenschutz, denn auf dem Main gibt es keinen Schatten, und durch die Reflektion des Wassers wird die Sonneneinstrahlung deutlich verstärkt.
Auf dem Wasser hat die Berufsschiffahrt Vorfahrt. Sollte also ein Frachter, Fahrgast- oder Hotelschiff auf Sie zusteuern, so sind die Kanus in der Pflicht, den Weg freizumachen, das gilt ebenso für Fähren. Es gilt außerdem – wie im Straßenverkehr – ein Rechtsfahrgebot. Halten Sie am besten die Boote nicht in der Mitte des Flusses, sondern am Rand, dann sollte es keine Probleme geben.
Es ist mir auf meinen Touren bisher nur einmal passiert, dass ein Kanu gekentert ist. Verursacht wurde das durch starken Wellengang, hervorgerufen durch 14 Sportboote, die ungebremst an uns vorbeifuhren. Das ist jedoch eine Ausnahme, in der Regel gilt auf dem Wasser gegenseitige Rücksichtnahme, und Sportboote bremsen meist ab, wenn sie langsameren Booten begegnen. Ausgeschlossen werden kann ein Kentern jedoch nicht, weshalb es sicherer ist, die Rettungswesten anzuziehen und Wertsachen im wasserfesten Behälter sicher zu verstauen.

Auf dem Kanal bis Astheim

Eine zentrale Frage bei einer Kanutour ist: Wie komme ich wieder zurück zum Ausgangspunkt (z. B. weil da das Auto steht)? Es ist jedenfalls keine gute Idee, gegen die Strömung den Main wieder zurückrudern zu wollen. Die Kanuverleihe bieten daher in der Regel Transfers an, so auch das *Weingut Höhn* in Köhler.

Die Tour beginnt am Weingut, dort ist auch die Ausstiegsstelle für die Kanus am Ende. Es geht zunächst mit Fahrzeugen nach **Eisenheim-Kaltenhausen**; hier bekommt man eine Einweisung für die Kanus und erhält die Ausrüstung (Schwimmwesten, wasserfeste Behälter, Ruder ...). Sofern man Kanus und Ausrüstung diebstahlsicher unterbringen kann, besteht die Möglichkeit, etwa 200 Meter westlich den *Biergarten Kaltenhausen* zu besuchen und sich vor der Kanufahrt mit einer fränkischen Bratwurst oder Ähnlichem zu stärken. Hier gibt es außerdem einen großen Spielbereich mit Sandkasten und Bolzplatz, auf dem die Kinder sich austoben können.

Die Einstiegsstelle ist neben der Fähranlegestelle von **Fahr**, in der Regel werden die Kanus flussabwärts der Fähre ins Wasser gelassen, sodass sich die Wege von Kanus und Fähre nicht kreuzen. Wenn die Boote im Wasser sind, kann es direkt losgehen, und mit der Strömung geht es auf dem ausgebauten Main dahin. Nicht weit nach Fahr kann man links hinter den Bäumen ein paar Gebäude ausmachen, das ist der *Elgersheimer Hof*, ein ehemaliger Klosterhof, der jetzt Ferienwohnungen anbietet.

Auf der anderen Mainseite kommt rechts oben auf dem Berg bald die Vogelsburg ins Blickfeld. Sie wird auf dieser Tour später noch einmal zu sehen sein, dann von der anderen Seite, denn der Main schlängelt sich um den Berg, auf dem die Vogelsburg thront. Bald ist auf der linken Seite die Kirche »Maria im Weingarten« zu sehen, die durch einen spektaku-

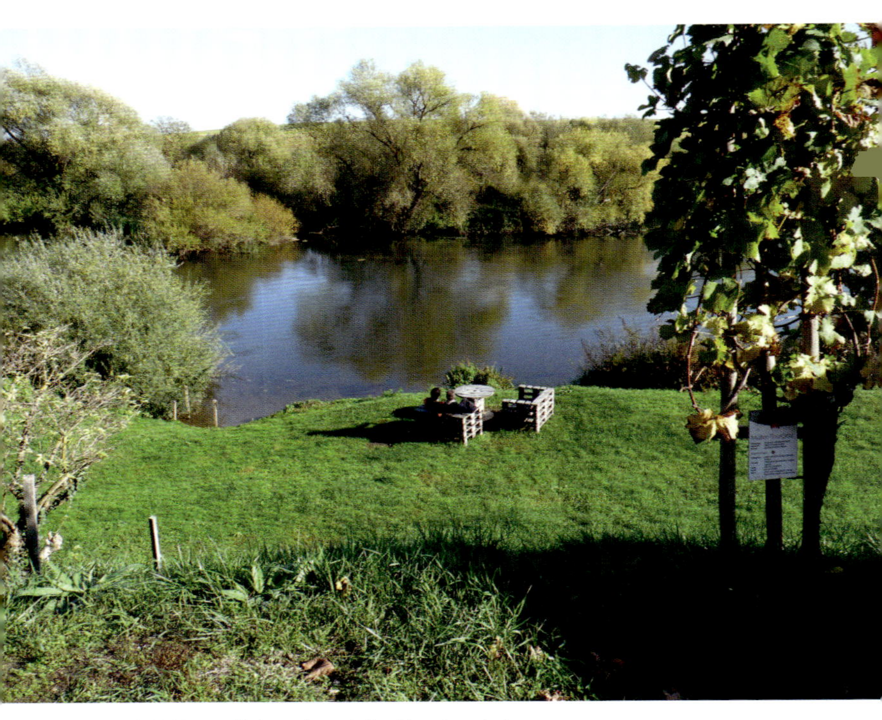

In Köhler am Ziel angelangt laden Sitzgelegenheiten direkt am Main an der Kanuanlegestelle zum Verweilen ein

lären Raub Berühmtheit erlangte. Die Geschichte dazu findet sich in meiner Tour *Wir können auch wild* (s. S. 79).

Nicht weit danach kommt schon **Volkach** (s. S. 9, 55 u. 79) in Sicht, auf der linken Seite zeigt sich das Städtchen, dessen historischer Ortskern bei Touristen sehr beliebt ist. Rechts, auf der anderen Mainseite erhebt sich der schlanke gelbe Turm der Kartause **Astheim**, einem ehemaligen Kartäuserkloster aus dem 15. Jahrhundert, das nun ein Museum mit über 600 Exponaten christlicher Kunst beherbergt.

Auf dem Altmain

Astheim ist ein wichtiger Wegpunkt – denn hier befindet sich auch die Schleuse, durch die die Kanus vom Kanal in den Altmain gelangen. Hat man das Schleusen hinter sich gebracht, geht es hinaus auf den Altmain – das Kleinod der Mainschleife. Ein ganz naturbelassener Teil des Mains, abgeschnitten vom Kanal, nicht beschifft und nur von kleineren Booten befahren. Keine ausgebaggerte Fahrrinne in der Mitte, dafür flaches, klares Gewässer, bei dem man bis zum Grund blicken kann. Fische, Schwäne, Frösche, Seerosen und Büsche, die ihre Äste bis ins Wasser hängen, sieht man da zuhauf. Außerdem kleine Stromschnellen und Strudel sowie versteckte Sandstrände, an denen man anlanden und eine Pause einlegen kann. Hin und wieder sieht man Stricke von Bäumen hängen, an denen sich die Kinder ins Wasser schwingen. Es ist ein echtes Vergnügen, hier unterwegs zu sein.

Bald kommt auch wieder die **Vogelsburg** in Sicht – diesmal rechter Hand auf dem Berg. Wo sich heute ein Tagungshotel und Restaurant befinden, war früher ein Kloster, von dem aus auch die umliegenden Weinberge bewirtschaftet wurden. Aber schon Jahrhunderte zuvor wurde die exponierte Lage für befestigte Siedlungen genutzt.

Kurz nachdem die Vogelsburg vorbeigezogen ist, kommen die Ortschaften Escherndorf (rechts, s. S. 55) und Nordheim (links, s. S. 9 u. 55) ins Blickfeld, die – beiderseits des Mains gelegen – mit einer Fähre verbunden sind. Für Kanufahrer ist das Passieren der Fähre eine kleine Herausforderung, da sie an einem Seil hängt und beim Vorbeifahren darauf geachtet werden muss, dass einem dieses Seil nicht in die Quere kommt. Achtung: Die Fähre hat Vorfahrt und darf beim Vorbeifahren nicht behindert werden!

So kann es eine gute Idee sein, vorher bei einem der beiden Orte einen Stopp einzulegen. Sowohl in Escherndorf als auch in Nordheim gibt es ausgezeichnete Weingüter. **Nordheim** hat einen schön angelegten Sandstrand mit Strandkörben. Außerdem befindet sich hier das *Divino*, die Vinothek der Winzergenossenschaft Nordheim Thüngersheim. Sie sticht architektonisch (aus dem ansonsten typisch-fränkischen Baustil des Ortes) hervor, fügt sich aber gleichzeitig harmonisch ein, eine gelungene Symbiose aus althergebrachter und moderner Architektur. Das Innere präsentiert einen hellen Verkaufsraum, wo die ausgezeichneten Weine verkostet und gekauft werden können.

Schräg gegenüber der Vinothek befindet sich die *Werkstatt Crêperie Nordheim,* ein Lokal mit einem außergewöhnlichen Konzept: eine Goldschmiede, in die eine Crêperie und ein Café integriert wurden. Eine Kombination also aus Franken und Frankreich, ergänzt durch Kunsthandwerk und garniert mit ausgesuchter Freundlichkeit.

Nur einen Katzensprung entfernt bietet das *Gasthaus Sonne* in den Sommermonaten selbst gemachtes Eis im Straßenverkauf an und gute fränkische Küche für eine längere Rast. Auf der Speisekarte finden sich auch saisonale Gerichte, zu denen man auf Wunsch den passenden Wein empfohlen bekommt.

Auf der anderen Mainseite in **Escherndorf** gibt es mit dem familiengeführten *Weingut Rainer Sauer* ein ebenso sehenswertes architektonisches Highlight, wo herausragende Weine erworben werden können. Für den Umbau vom fränkischen Wohnhaus zum modernen Weingut mit künstlerischen Elementen im Inneren, moderner Architektur und historischer Muschelkalkfassade erhielt das Weingut den Staatspreis für Erhalt der Baukultur im ländlichen Raum.

Hat man die Fähre passiert, so kommt als nächster Ort auf der rechten Seite schon **Köhler** in Sicht, hier befindet sich die Ausstiegsstelle. Der Uferbereich ist mit Rasen angelegt, und meist stehen hier Sitzgelegenheiten, auf denen man sich ausruhen und bei einem Glas Wein vom *Weingut Höhn* (oder auch

Hochprozentigem – neben den klassischen fränkischen Weinen, zum Beispiel von der Spitzenlage Escherndorfer Lump, gibt es hier auch Edelobstbrände aus hauseigener Brennerei und sogar einen Dry Gin) mit Blick auf den Main die Tour nochmals Revue passieren lassen kann.

Nicole Dietrich

Von Köhler aus geht der Blick zurück auf den Altmain und die Vogelsburg

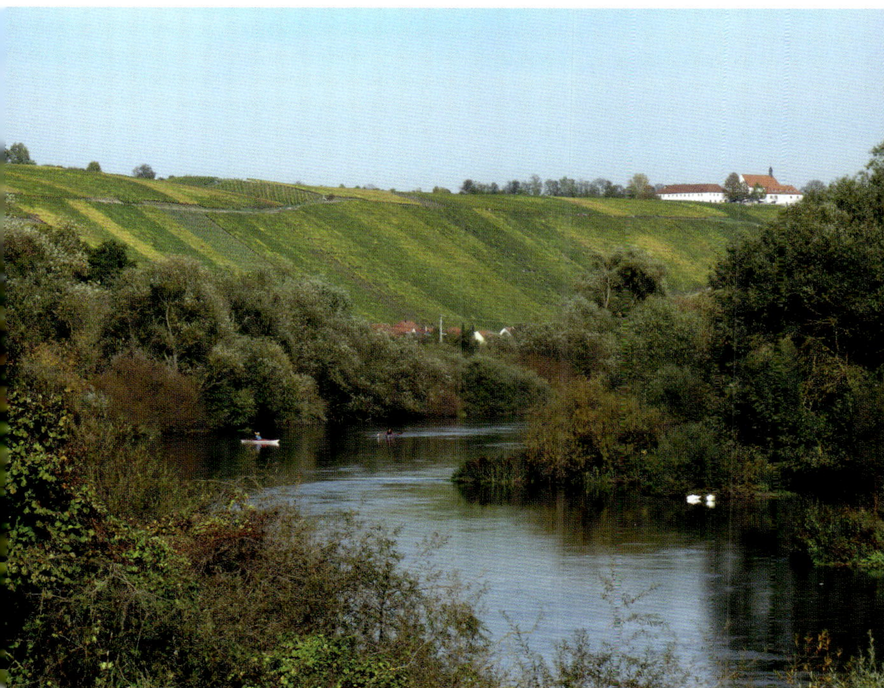

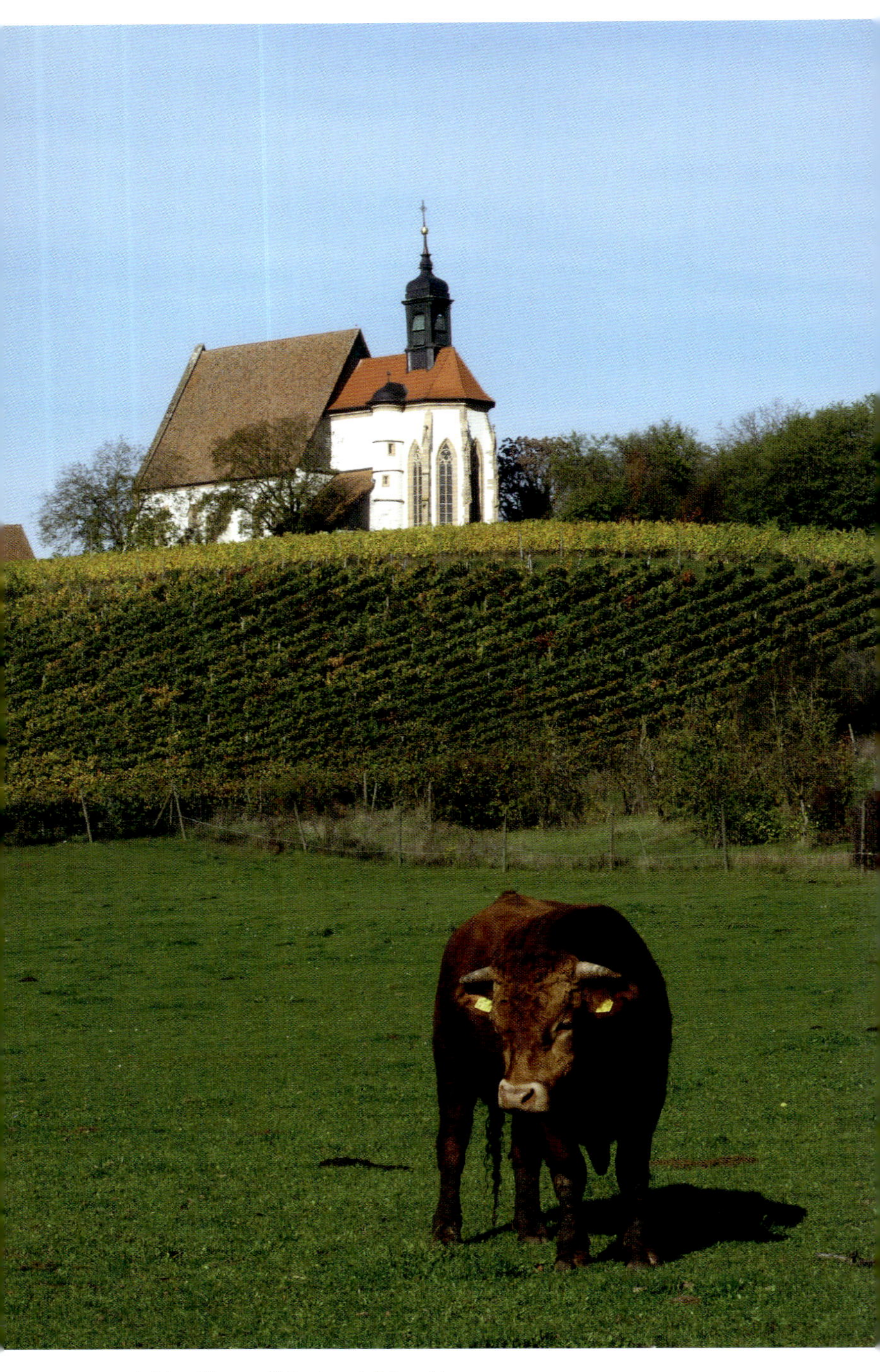

Auf dem Weg von Volkach nach Fahr geht es an der Wallfahrtskirche Maria im Weingarten vorbei

Wir können auch wild

Tour 7

Von Volkach nach Fahr und auf dem Dschungelpfad wieder zurück

Abwechslungsreicher Rundwanderweg, der beim Dschungelpfad mitunter auch recht schwierige Stellen bereithält. Dafür gibt es hier einen Eindruck von mainfränkischer Wildnis. Außerdem wunderbare Ausblicke von den Weinbergen ins Maintal und Einblicke in den Quittenanbau.

Strecke: Astheim – Volkach – Fahr – Astheim
Länge: 12 km (Rundweg)
Höhenunterschied: ca. 100 m
Markierung: Keine durchgängige Markierung, dennoch sollten die Wege anhand Karte und Beschreibung gut zu finden sein.
Einstiegspunkt: Volkach Astheim / Haltestelle Mainschleifenbahn
Anreise mit dem Auto: Neben dem Bahnhof in Volkach befindet sich ein großer Parkplatz. Von hier aus sind es ca. 10 Min. Fußweg zum Startpunkt der Tour.
Anreise mit den öffentlichen Verkehrsmitteln: mit dem Bus von Schweinfurt Linie 8137 oder von Würzburg Linie 8105 bis Volkach Bahnhof; mit der Mainschleifenbahn (s. S. 32) Mai–Okt: So u. Fei mehrmals tägl. ab Seligenstadt, Zubringerzüge ab Schweinfurt u. Würzburg bis Seligenstadt
Karte: Landesamt für Digitalisierung, Breitband und Vermessung: *Fränkisches Weinland,* UK 50-7, 1:50.000; *Wandern und Radfahren an der Mainschleife,* 1:20.000 (erhältlich in der Tourist-Information Volkacher Mainschleife, Rathaus, 97332 Volkach)
Wegbeschaffenheit: befestigte Betonwege, Feldwege, unbefestigte Trampelpfade

Schwierigkeitsgrad: Relativ schwer, vor allem beim Dschungelpfad müssen auch umgestürzte Bäume überwunden und abschüssige Wege bewältigt werden. Trittsicherheit und gute Kondition sind daher Bedingung!

Familientauglichkeit: Nicht für Kinderwagen und kleinere Kinder geeignet. Größere Kinder werden aber bestimmt ihren Spaß haben.

Wetter: Bei Feuchtigkeit wird es auf dem Dschungelpfad extrem rutschig. Eine Wanderung ist hier also nur bei trockenem Boden und in der warmen Jahreszeit zu empfehlen.

Übernachtungstipps:

In Volkach und Umgebung gibt es eine große Zahl an Übernachtungsmöglichkeiten. Die Website der Stadt Volkach (www.volkach.de) listet fast 170 Unterkünfte auf, die zum Teil auch direkt gebucht werden können. Vor Ort hilft die »Tourist-Information Volkacher Mainschleife« im Rathaus Volkach weiter. Ganz neu und modern ist das *Sonnenhotel Weingut Römmert*. In Volkach gibt es außerdem einen Wohnmobilstellplatz direkt am Main.

Sonnenhotel Weingut Römmert, Erlachhof 1a, 97332 Volkach Tel. 0 93 81/71 81 60, www.sonnenhotels.de (> Hotels & Ressorts); 2019 eröffnetes, modernes Hotel mit großzügigem Wellnessbereich u. dazugehörigem Weingut

Hier geht's lang

In den Sommermonaten verkehrt am Wochenende die historische Mainschleifenbahn zwischen Seligenstadt und Astheim. Da eine Kombination dieser Fahrt mit der folgenden Wanderung einen schönen Ausflug abgibt, startet diese Tour an der Haltestelle der Mainschleifenbahn in Astheim. Von dort geht es über die Brücke Richtung Volkach, am Ende der Brücke

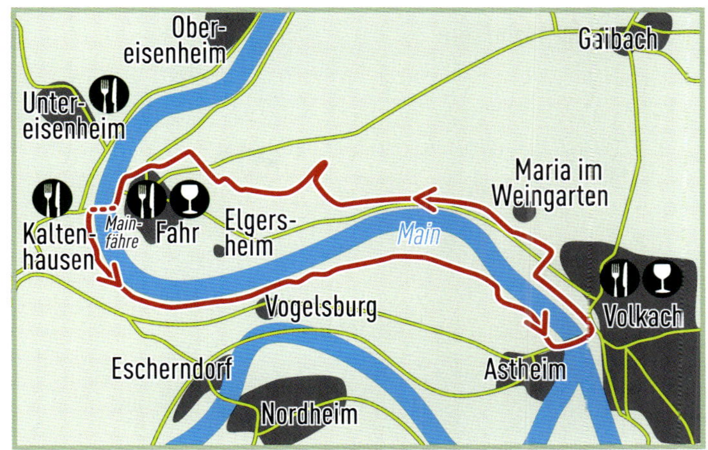

führt der Weg vor dem Kreisel links hinunter und auf unbefestigten Wegen an Volkach vorbei.

Kommt die Wallfahrtskirche *Maria im Weingarten* rechts ins Blickfeld, so biegt man am Campingplatz rechts ab. Die Ortsverbindungsstraße muss überquert werden, dann gelangt man zu einem weitläufigen Spielplatz, von hier geht es zum Parkplatz unterhalb der Kapelle und dann entlang des *Rebsortenlehrpfads* des Winzervereins Volkach. Anschließend führt der Weg ein gutes Stück durch die Weinberge bis nach Fahr. Hier geht es mit der Fähre über den Main und anschließend über Trampelpfade gleich links weiter Richtung Dschungelpfad.

Am Eingang des Dschungelpfads steht ein Schild mit dem Hinweis, dass das Betreten bei Nässe gefährlich ist und eine Wanderung hier auf eigene Gefahr geschieht. Dem schließe ich mich an. Es ist ein wunderbarer Weg, der aber mit Respekt und Vorsicht und nur von trittsicheren und erfahrenen Wanderern gegangen werden sollte! Nach dem Dschungelpfad werden die Wege wieder breiter und es geht durch die Felder zurück Richtung Astheim.

Hinweis zur Mainfähre

Diese Tour beinhaltet eine Main-Überquerung mit der Fähre. Bitte informieren Sie sich vorab, ob die Fähre fährt! Ist die Fähre in Fahr nicht in Betrieb, bleiben nur der Rückweg nach Volkach oder der Umweg zur nächsten Fähre ins zwei Kilometer entfernte Obereisenheim oder nochmals drei Kilometer weiter bis Wipfeld.

Mein persönlicher Tipp – Abstecher

Nehmen Sie einen kleinen Umweg in Kauf und ergänzen Sie diese Wanderung mit dem *Quittenlehrpfad* in Astheim. Im Frühjahr, wenn sich die Blütenpracht zeigt, und im Herbst, wenn die Bäume gelb leuchten von den Früchten, ist das ein Erlebnis für alle Sinne. Die Quitte ist an der Volkacher Mainschleife schon sehr lange heimisch, ist aber zwischenzeitlich in Vergessenheit geraten. Das Rekultivierungsprojekt *Mustea* engagiert sich erfolgreich dafür, das zu ändern. Quittenprodukte haben einen wunderbaren Geschmack und können in Volkach erworben werden, damit haben Sie zu Hause eine Erinnerung an das sinnliche Erlebnis des Quittenpfades.

Servicetipps:

Förderverein Mainschleifenbahn e. V.
Industriestr. 3, 97332 Volkach
Tel. 0 15 20/2 48 21 25, www.mainschleifenbahn.de
Mai–Okt: So u. Fei mehrmals tägl. ab Seligenstadt, Zubringerzüge ab Schweinfurt u. Würzburg
Historisches »Bähnle« auf stillgelegter Bahnlinie, Hunde u. Fahrräder können auf Nachfrage mitgenommen werden

MUSTEA, fränk. Rekultivierungsprojekt alter Quittensorten
Marius Wittur, Hadergasse 19, 97247 Eisenheim-Untereisenheim, www.mustea.de
Betreiber des Quittenlehrpfades, Quittenbaumschule, Gruppenführungen auf dem Quittenlehrpfad

Tourist-Information Volkacher Mainschleife, Rathaus
97332 Volkach, Tel. 0 93 81/4 01 12, www.volkach.de
Im Winter Wochenende geschlossen

Quittenlehrpfad, www.quittenlehrpfad.de

Einkehrtipps:

Biergarten Kaltenhausen, Kaltenhausen 1, 97247 Eisenheim
Tel. 0 93 86/90 32 58, Mai–Sep bei guter Witterung
Schattiger Biergarten, großer Spielbereich

Hinterhöfle, Hauptstr. 30, 97332 Volkach
Tel. 0 93 81/71 81 80, www.hinterhoefle.de
Saisonale u. fränk. Gerichte, teilweise in Bio-Qualität, auch Bio-Weine in der Auswahl; überdachter Innenhof

Blick von den Weinbergen zurück Richtung Volkach und Maria im Weingarten

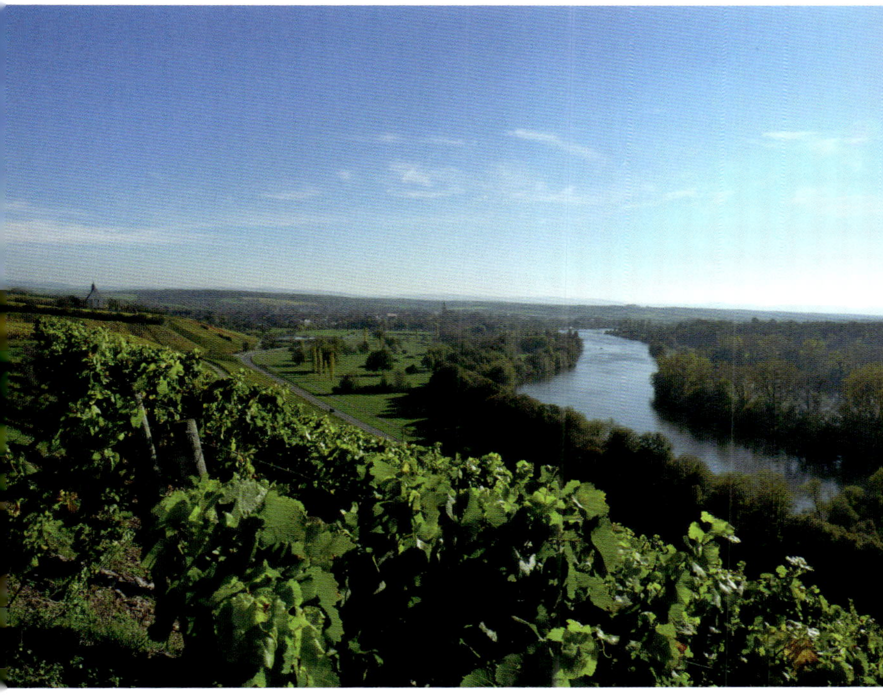

Einkaufstipps:

Weinbau & Edelobstdestille Gehring, Traubengasse 7, 97332 Fahr, Tel. 0 93 81/35 10, www.weinbau-gehring.de Große Auswahl an Edelobstbränden, fränk. Herzlichkeit

Haus der Quitte, Kirchgasse 2, 97332 Volkach www.haus-der-quitte.de, im Winter geschlossen, Öffnungszeiten s. Website; Quittenprodukte aus den Quitten des Lehrpfades, viele Informationen über Quitten u. Quittenprodukte

Der Quittenladen, Am Kloster 24, 97332 Volkach-Astheim Tel. 01 72/4 72 57 77, www.derquittenladen.de Bio-Produkte aus Quitten u. anderen Früchten; Weine, Brände, Fruchtaufstriche u. v. m.

Das gibt's zu sehen

Zugegeben, man muss sie schon suchen, die naturbelassenen Ecken in unserer Gegend. Aber es gibt sie – und zwei davon direkt bei uns an der Mainschleife. Die eine ist der Altmain, den ich in meiner Kanutour vorstelle (s. S. 65), die andere der Dschungelpfad, der Teil der hier vorgestellten Tour ist. Aber diese Tour bietet noch viel mehr – wunderschöne Ausblicke von den Weinbergen auf den Main und einige Informationen am Rande. Legen wir los.

Eine reizvolle Ankunft in **Astheim** erleben Sie, wenn Sie mit dem »Bähnle«, dem 50 Jahre alten Schienenbus *Mainschleifenbahn* anreisen. Getragen wird das Bähnle von einem Verein, der 1995 großen Anteil hatte, die damals stillgelegte Bahnstrecke, auf der die Mainschleifenbahn heute wieder fährt, vor dem bereits eingeleiteten Rückbau zu retten. Langfristiges Ziel ist es, die Strecke wieder für den normalen ÖPNV zu reaktivieren. Daher beginnt diese Tour an der Bahnhaltestelle in Astheim – zu der Sie natürlich auch zu Fuß gelangen können, wenn Sie mit dem Auto oder dem Bus ankommen. Parkplatz und Bahnhof sind nur ein paar Hundert Meter entfernt.

Kunst, Wein und Schnaps

Von der Haltestelle aus geht es Richtung **Volkach** (s. S. 9, 55 u. 65), ein hübsches Städtchen, das sich am Ende der Tour für den »Schlusshock« (Einkehr zum gemütlichen Ausklang einer Wanderung) oder auch eine Übernachtung anbietet. Im Moment geht es aber an Volkach vorbei Richtung der Kirche **Maria im Weingarten**, die – wie der Name schon sagt – inmitten von Weinbergen auf einem Hügel nicht weit entfernt von Volkach steht. In den 1960er-Jahren wurde diese Kapelle – oder vielmehr eines ihrer Kunstwerke – durch einen spektakulären Kunstraub über die Grenzen der Region hinaus bekannt.

Der Raub der Rosenkranzmadonna

Es war in einer Augustnacht im Jahr 1962, als in einer Nacht- und Nebelaktion aus der Kirche *Maria im Weingarten* das wertvollste Kunstwerk entwendet wurde. Es handelt sich um die *Madonna im Rosenkranz*, ein Spätwerk von Tilman Riemenschneider aus den 1520er-Jahren. Es brauchte mehrere Stunden, bis die beiden Diebe die imposante Holzschnitzerei mit einem Gesamtgewicht von drei Zentnern in ihren Transporter geschafft hatten. Sie war schwer beschädigt, als sie bei einem Komplizen – einem Bildhauer, der recht schnell erkannte, dass das Kunstwerk wohl unverkäuflich wäre – in der Nähe von Bamberg ankamen. So wurde die Madonna zunächst mit Bohnerwachs präpariert und im Garten des Bildhauers vergraben. Da läge sie vielleicht noch heute, wäre nicht der Verleger Henri Nannen mit seiner Illustrierten *Stern* auf den Plan getreten. Neben dem Aufruf zur Rückgabe, der in seiner Zeitschrift und vielen anderen Blättern veröffentlicht wurde, stiftete er auch ein Lösegeld von 100.000 DM. Tatsächlich meldete sich einer der Diebe, nach einigen Verhandlungen wurden Kunstwerk und Lösegeld ausgetauscht, und die Diebe tauchten erst mal wieder unter. Sie wurden erst Jahre später gefasst, nachdem sie noch viele weitere Raube begangen hatten, die Madonna im Rosenkranz jedoch kam wieder zurück nach Volkach. Sie wurde aufwendig restauriert und ist seitdem wieder in der Kapelle zu sehen – gut gesichert durch eine besonders sensible Alarmanlage, damit sie nie wieder in die Hände von Dieben fallen kann.

Auf dem Weg zur Kapelle kommt man an einem weitläufigen Spielplatz mit Fußballfläche vorbei. Hier gibt es genug Platz für ein Picknick oder ein Ballspiel (wenn man einen Ball o. Ä. im Rucksack dabei hat), auch wenn leider wenig Schattenplätze vorhanden sind. Lässt man die Kapelle rechts liegen, führt unterhalb der *Ratsherrn-Rebsortenlehrpfad* entlang, auf dem die gängigsten Weiß- und Rotweinsorten in Franken (von Müller-Thurgau über Silvaner und Bacchus bis Spätburgunder) aufgeführt sind.

Danach geht es in die Weinberge, und von hier oben gibt es einen wunderbaren Blick auf den Main, die Vogelsburg auf dem gegenüberliegenden Berghang und zurück zur Kapelle Maria im Weingarten und nach Volkach. Bei guter Sicht blickt man sogar bis zu den Höhenzügen des Steigerwalds.

Bald führt der Weg in die Gemarkung **Fahr** und ein Stück auf den hiesigen *Obst-Wein-Main-Panoramaweg Fahr,* auf dessen Hinweistafeln die Geschichte des Ortes und sein Bezug zum Wein, aber auch zum Obst beschrieben sind. Ich erinnere mich, dass die Fahrer Obstanlagen schon in meiner Kindheit als beispielhaft für unsere Gegend galten. Natürlich werden die Birnen, Zwetschgen und Kirschen nicht nur für den Rohverzehr angebaut, sondern sind Grundlage für feine Brände,

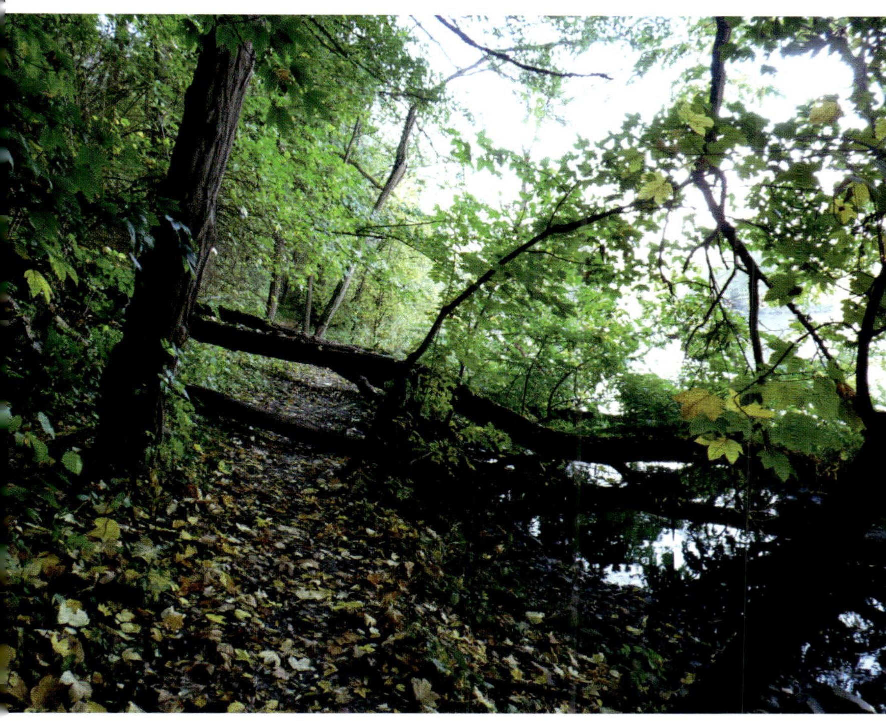

Der Dschungelpfad macht seinem Namen alle Ehre

die bei den jährlichen Branntweinprämierungen stets vorne mit dabei sind.

In Fahr gibt es reichlich Möglichkeiten, eine Verkostung von Edelobstdestillaten zu machen. Als Beispiel sei an dieser Stelle der *Weinbau Gehring* genannt. Hier treffen Sie auf meine Gästeführer-Kollegin Martha (»Madda«) Gehring, die in unverwechselbarer fränkischer Art ihren Heimatort und die selbst produzierten Destillate, Weine und Liköre präsentiert. Ich persönlich bin ja eine Freundin des »Willi«, des Williams-Christ-Birnenbrandes. Aber ich kenne viele Gäste, die italienischen Grappa mögen und daher mit dem fränkischen Pendant »Tresterbrand« ihr Glück finden.

Dschungel und Quitten

Nun muss der Main überquert werden – und das geht hier nur mit der Fähre. Es ist deshalb unbedingt anzuraten, sich vorab zu informieren, wie die Fährzeiten sind. Auf der anderen Mainseite angelangt, hat man die Wahl, entweder geradeaus weiterzugehen und bei der ehemaligen Brauerei **Kaltenhausen** im dortigen Biergarten eine kleine Rast zu machen; es gibt hier fränkische Kleinigkeiten im Baumschatten und daneben einen Spielplatz. Oder man biegt gleich nach der Fähranlegestelle nach links ab auf den **Weg zum Dschungelpfad**. Ein Stück über Trampelpfade und Wiese geht es bis zu einem Schaukasten zum Naturschutzgebiet *Mainhang an der Vogelsburg,* und rechts davon hinein ins Dickicht auf den Dschungelpfad. Übrigens: Das Naturschutzgebiet erstreckt sich über 53 Hektar Hangwald und Uferzonen, wo viele Libellenarten, Fledermäuse und Vogelarten zu Hause sind.

Wer die knapp zwei Kilometer Dschungelpfad geschafft hat, ist durch viele Spinnweben gegangen, hat umgestürzte Bäume überwunden, ist vielleicht über ein paar Wurzeln im Boden gestolpert, hat sich durch Schlammpfützen bewegt … Aber er oder sie hat am Ende auf jeden Fall ein gutes Stück wilder Natur mitten in Mainfranken erlebt. Keine Bewirtschaftung, kein Aufräumen, alles bleibt natürlich– und nimmt man sich Zeit, so kann man hier auch wunderbar Naturbeobachtungen machen, denn man ist der unberührten Natur so nahe wie nur an wenigen Orten in der Region.

Im Anschluss geht es gemütlich weiter auf breiten Wegen bis kurz vor **Astheim**. An einer Linkskurve geht hier nach rechts ein Feldweg ab. Dieser führt zum **Quittenlehrpfad**, den ich Ihnen wärmstens ans Herz legen möchte. Er verlängert diese Tour zwar um vier Kilometer, aber auf den zwölf Thementafeln wird viel Wissenswertes über die Quitte erzählt, und man sieht viele unterschiedliche Quittenbäume, die dort in Mischkultur angelegt wurden und vom *Fränkischen Rekultivierungsprojekt alter Quittensorten MUSTEA* gepflegt werden. Die Quitten aus dieser Anlage werden zu vielfältigen Produkten, wie Secco, Gelee, Likör und Saft, verarbeitet, und im *Haus der Quitte* in Volkach verkauft. Im Anschluss an den Pfad, fast wieder an der Hauptstraße angelangt, gibt es einen Quittenladen, der ebenfalls viele Quittenprodukte verkauft (Serviceinfos zur Quitte s. S. 82 u. 84).

Ob man nun den Quittenlehrpfad mitnimmt oder die Tour ohne diesen kleinen Umweg beendet – am Ende gelangt man wieder zur Hauptstraße, und wendet man sich dort nach links, ist man wieder am Ausgangspunkt, der Haltestelle des Bähnle, angelangt.

Nicole Dietrich

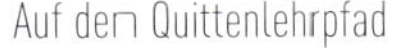

Auf dem Quittenlehrpfad

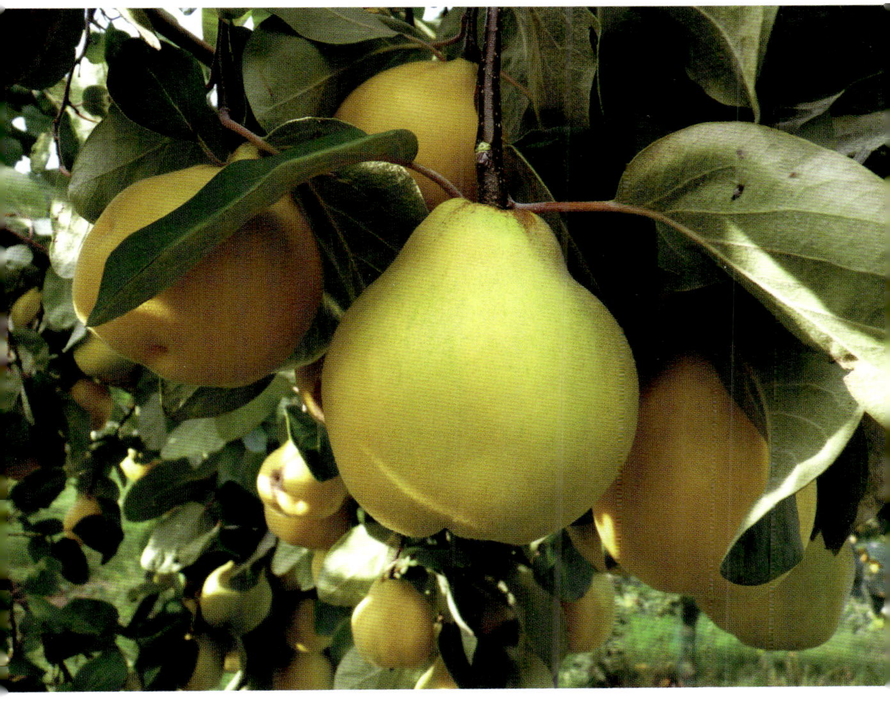

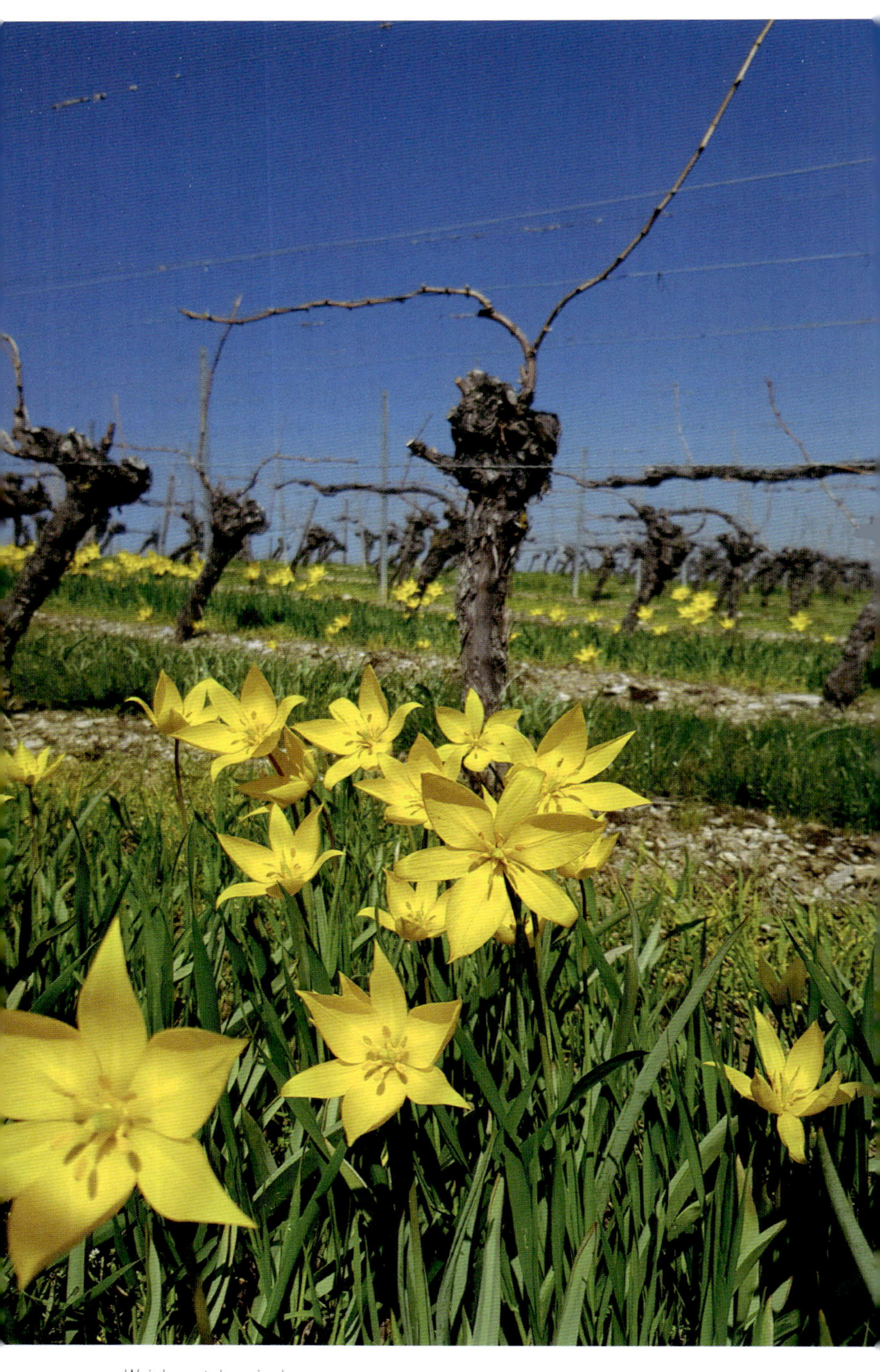

Weinbergstulpen in den
Obereisenheimer Weinbergen

Rund um den Silvaner

Auf dem Silvaner-Erlebnisweg Obereisenheim

Tour 8

Ein mittelschwerer Rundwanderweg durch die Weinberge der Weinlagen Höll (Obereisenheim) und Sonnenberg (Untereisenheim). Im Zeichen des Silvaners steht diese Wanderung, mit dem sich auch zahlreiche Infotafeln befassen, die sich entlang des Weges befinden. Ganz nebenbei eröffnen sich wunderbare Ausblicke ins Maintal.

Strecke: Obereisenheim – Untereisenheim– Obereisenheim

Länge: 7,5 km (Rundtour)

Höhenunterschied: ca. 130 m

Markierungen: an den Wegweisern Hinweisschild örtliche Wege: *Silvaner Erlebnisweg Eisenheim*, nicht durchgängig

Einstiegspunkt: Start am Parkplatz *An der Mainaue* neben der Fähre; schräg gegenüber auf der anderen Straßenseite ist die Bushaltestelle

Anreise mit dem Auto: Direkt neben der Fähre befindet sich ein kleiner Parkplatz, etwa 50 m weiter ein etwas größerer, beide liegen an der Straße *An der Mainaue.*

Anreise mit öffentlichen Verkehrsmitteln: Buslinie 8105 ab Würzburg; Mai–Okt: Mainschleifen-Shuttle Linie 105 ab Volkach

Wanderkarte: Landesamt für Digitalisierung, Breitband und Vermessung: *Fränkisches Weinland,* UK 50-7, 1:50.000; *Wandern und Radfahren an der Mainschleife,* 1:20.000 (erhältlich in der Tourist-Information Volkacher Mainschleife, Rathaus, 97332 Volkach)

Wegbeschaffenheit: befestigte Betonwege, Schotterwege, Feldwege

Schwierigkeitsgrad: mittel, viele betonierte Wege, ebenso unebene Wege und einige Steigungen

Familientauglichkeit: Nicht für Kinderwagen geeignet, da die Tour teilweise Steigungen und Schotterwege beinhaltet. Ältere Kinder können aber gut mitlaufen. In Obereisenheim befindet sich an der Strecke ein neu angelegter Spielplatz. Am Ende der Tour kann im Main gebadet oder geplanscht werden (Bitte hierbei auf die Sicherheit achten! Der Main hat eine ausgebaggerte Fahrrinne, hier geht es in die Tiefe! Außerdem wird oftmals die Strömung unterschätzt. Bitte auch beachten, dass in der Nähe der Fähre aus Sicherheitsgründen das Baden untersagt ist!)

Wetter: Die Tour ist besonders schön im April während der Blüte der Weinbergstulpen (s. auch S. 36) und im Spätsommer während der Weinlese. Vor allem im Herbst können bei feuchtem Wetter die Wege durch das Befahren von landwirtschaftlichen Fahrzeugen verschmutzt sein.

Übernachtungstipps:

Es gibt einen Wohnmobilstellplatz direkt am Main, der ausreichend Platz bietet. Im Ort Obereisenheim stehen zwei Gasthäuser, sowie einige Ferienwohnungen zur Verfügung. Allerdings kann es ohne vorherige Reservierung schwierig sein, eine Unterkunft zu bekommen, da gerade im Frühjahr und Herbst, wenn die Heckenwirtschaften geöffnet haben, viele Touristen den Ort besuchen. In Untereisenheim, nur zwei Kilometer entfernt, gibt es ebenfalls einige Übernachtungsmöglichkeiten. Eine Übersicht über alle Unterkünfte in beiden Orten gibt es auf der Website der Gemeinde: www.eisenheim.de

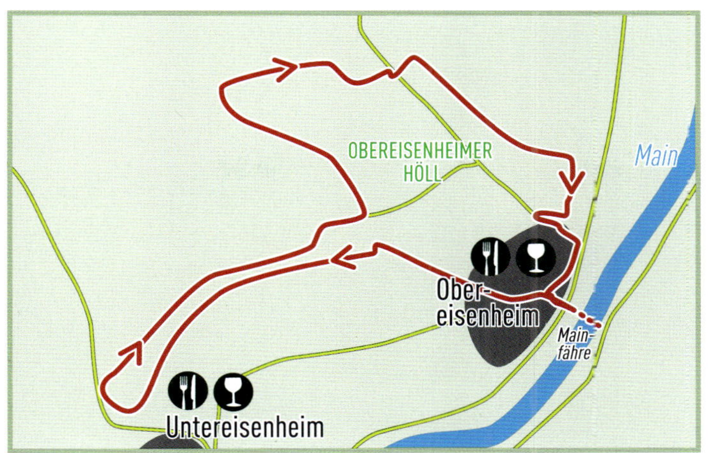

Hier geht's lang

Startpunkt der Tour ist die Mainfähre. Sie ist in Sichtweite sowohl zur Bushaltestelle als auch zum Parkplatz, die Rundwanderung führt auch wieder zu ihr zurück. Gegenüber der Mainfähre geht es durch die Hirtengasse ein Stück steil bergauf bis zum Marktplatz, von dort führt die Bergstraße weiter nach oben und durch den Ort bis zum Spielplatz; ab hier geht es dann auf dem Hertleinsbergweg in die Weinberge.

Nach einem Stück bergauf durch die Weinberge erreicht man einen Aussichtspunkt, wo sich ein Tisch und Bänke befinden. Hier steht ein Wanderwegweiser, der allerdings etwas verwirrend sein kann, da sich an dieser Stelle mehrere Routen treffen. Von diesem Punkt aus führt jedenfalls ein kurzes Stück Schotterweg bergab; ab der ersten Abzweigung geht es auf einem Betonweg rechts weiter. Die Route weist nun immer geradeaus durch die Weinberge bis kurz vor Untereisenheim. Vor Erreichen des Ortes biegt der Weg nach rechts ab und führt ein Stück bergauf, ab hier geht es eine ganze Weile immer am Wald entlang. Zunächst wieder Richtung

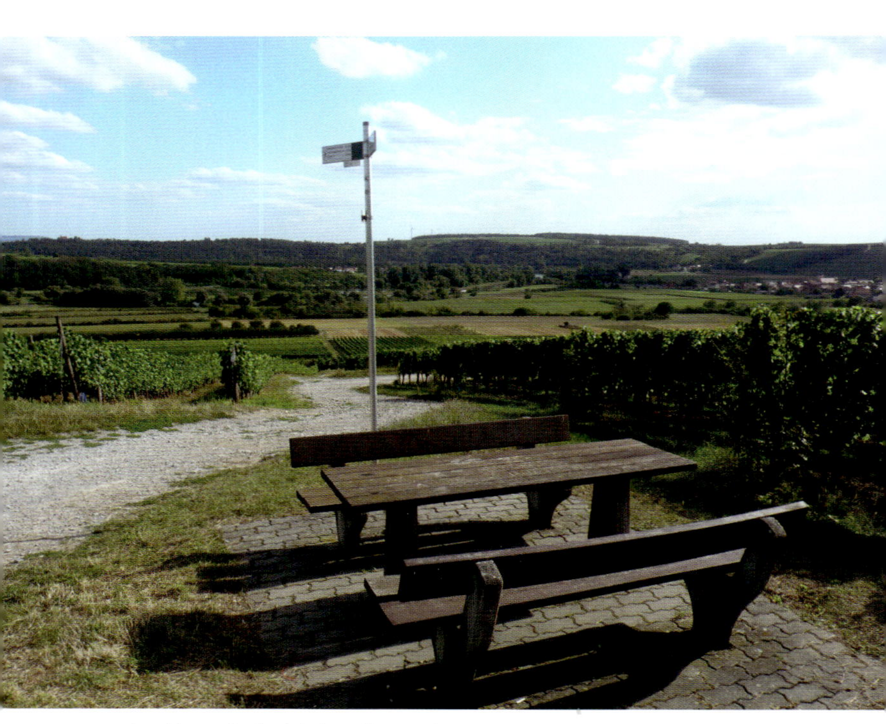
Aussichtspunkt Hertleinsberg Obereisenheim

Obereisenheim, dann ab der Waldspitze in nördlicher Richtung.

An der Infotafel zum *Silvaner-Erlebnisweg* führt die Route im rechten Winkel weg vom Wald über einen unbefestigten Feldweg, dann erneut auf einen Betonweg. Dieser schlängelt sich zunächst ein Stück bergab. Unten angelangt muss eine Ortsverbindungsstraße überquert werden, bevor es auf der anderen Seite wieder steil bergauf geht.

Oben angekommen wendet sich der Weg wieder nach rechts und führt wieder etwa einen Kilometer durch die Weinberge, bevor er eine Biegung nach rechts macht. Von hier aus geht es nur noch bergab, über Betonwege durch die Weinberge und dann noch ein Stück durch den Ort, bis zurück zum Ausgangspunkt.

Mein persönlicher Tipp – Blauer Silvaner

Silvaner gibt es natürlich in jedem der Obereisenheimer Weingüter. Manche bieten aber eine Besonderheit an: Blauen Silvaner. Von dieser seltenen Sorte sind nur etwa 20 Hektar bestockte Rebfläche in Franken vermerkt, im Rest Deutschlands findet man sie fast gar nicht. Der Geschmack, der an gelbe Früchte erinnert, ist etwas kräftiger als beim Grünen Silvaner. Die Herkunft der Sorte ist nicht ganz eindeutig, aber ob er nun eine Mutation ist oder sich als eigenständige Rebsorte entwickelt hat, es lohnt sich, ihn zu probieren. Er eignet sich dabei gleichermaßen als Begleiter zum Essen wie zum Schöppeln am Abend.

Einkehrtipps:

Gasthof »Zum Schiff«, Hirtengasse 3, 97247 Obereisenheim
Tel. 0 93 86/2 48, www.schiff-eisenheim.de
Gasthof und Hotel/Ferienwohnung; fränkische Küche, schöner Ausblick von der Terrasse

Gasthof-Hotel »Zur Rose«, Marktplatz 5, 97247 Obereisenheim, Tel. 0 93 86/9 72 20, www.gasthaus-hotel-zur-rose.de
Gasthof und Hotel mit vielen Freizeitangeboten, für Gruppen z. B. Bootsfahrt oder Traktorfahrt

Gaststube und Biergarten »Zum Kutscher«
Dipbacher Str. 4, 97247 Untereisenheim
Tel. 0 93 86/2 45, www.laborde-eisenheim.de
Kleiner Biergarten, hausgemachte Pizza, Salate u. andere Gerichte, kleiner Spielplatz

Weingut-Tipps:

Weingut Herbert Schuler, Schwanfelder Str. 6, 97247 Obereisenheim, Tel. 0 93 86/2 82, www.weingut-herbert-schuler.de
Gut geeignet für Gruppen, uriger Gewölbekeller

Weingut Krämer und Kanuverleih Main Erlebnis
Türkenstr. 1, 97247 Obereisenheim, Tel. 0 93 86/9 01 15

www.weingut-kraemer.de und www.kanu-mainerlebnis.de
Außergewöhnliche Weine; Fischgerichte aus eigener Fischerei; Heckenwirtschaft im Frühjahr u. Herbst; angeschlossener Kanuverleih, der von den beiden Töchtern geführt wird

Weingut Rudolf Heim, Bergstr. 9, 97247 Obereisenheim
Tel. 0 93 86/8 08, www.weingut-heim-obereisenheim.de
Weingut mit Gästezimmern im historischen Fachwerkhaus

Weinbau Edmund und Roswitha Rügamer, Breiter Weg 3, 97247 Obereisenheim, Tel. 0 93 86/1 33 89
Rustikale Häckerstube mit kleinen Gerichten, zu bestimmten Zeiten geöffnet

Bacchuskeller Reinhold Reich, Bergstr. 2, 97247 Obereisenheim, Tel. 0 93 86/9 99 10, www.bacchuskeller.net
Gewölbekeller für Weinproben, regelmäßig öffentliche Veranstaltungen (Kabarett etc.)

Weingut Jung, Hohlweg 2, 97247 Obereisenheim
Tel. 0 93 86/3 52, www.jung-obereisenheim.de
Im Verkauf sind neben Weinen auch Saft und Destillate; Heckenwirtschaft zu bestimmten Terminen

Weingut Hirn, Dipbacher Str. 8, 97247 Untereisenheim
Tel. 0 93 86/3 88, weingut-hirn.de
Weingut im Hundertwasserstil mit Hundertwassershop

Kultur- und Einkaufstipps:

Erzgebirgischer Spielzeugwinkel, Schwanfelder Str. 16, 97247 Obereisenheim, Tel. 0 93 86/9 01 59
www.spielzeugwinkel.de, Museum mit erzgebirgischer Volkskunst, mit angegliedertem Café

Auszeit bei Mone und Janine, Hauptstr. 14, 97247 Obereisenheim, Tel. 01 76/70 03 30 72, www.moneundjanine.de
Kleiner Laden in einem alten Häuschen, liebevoll hergerichtet u. geführt von zwei Schwestern, Deko- u. Geschenkartikel

Antik- und Trödelkeller, Hirtengasse 1, 97247 Obereisenheim
Tel. 0 93 86/14 62, www.antik-kraemer.de
Restaurierte Möbel und Antiquitäten, familiengeführt
Töpferei Reinhold Scholl, Hauptstr. 22, 97247 Obereisenheim
Tel. 0 93 86/14 94, www.rskreativ.de
Kleine und große Töpferwaren, Ofenbau

Das gibt's zu sehen

Obereisenheim ist ein Winzerort mit gerade mal 560 Einwohnern. Anders als bei vielen anderen fränkischen Dörfern ist das Ortsbild hier aber nicht etwa geprägt von großen Höfen und Ställen, sondern von kleinen Gassen und Straßen und eng aneinandergeschmiegten Häusern, was einen durchaus an ein norditalienisches Städtchen erinnern kann. Gut leben lässt es sich hier auch, direkt am Main, mit der Mainfähre und einem kleinen Strand vor der Haustüre. Und das weiß ich ganz genau, denn ich lebe hier und bin auch hier aufgewachsen, bin also ein echter »Öbereisemer«.

Heimatgemeinde des Silvaners

Die **Obereisenheimer Mainfähre** ist die letzte noch aktive im Landkreis Würzburg und eine der Dinge, die den Ort besonders machen, ein idealer Startpunkt also für diese Tour. Steht man an der Mainfähre, den Fluss im Rücken, sieht man auf der gegenüberliegenden Seite den *Gasthof Schiff* – und ein Stück rechts davon ein überdimensionales Schild mit der Aufschrift »Heimatgemeinde des deutschen Silvaners«.

Das Fährrecht wurde – wie das Marktrecht – verliehen, es konnte also nicht jeder Ort eine Fähre einsetzen, das war etwas Besonderes. Deshalb sind die Obereisenheimer auch so stolz auf ihre Fähre und interessiert daran, dass sie erhalten bleibt.

Mit dem Main vor der Haustüre liegt es nahe, dass hier auch gefischt und geangelt wird. Essen kann man die Fischgerichte dann beispielsweise beim *Weingut Krämer* in der Heckenwirtschaft – und dazu passt ein Silvaner ganz hervorragend.

Der Bezug zum Silvaner ist eine weitere Besonderheit meines Heimatortes. Die älteste bekannte Urkunde zum Silvaner von 1659 belegt nämlich einen Handel zwischen dem Casteller Grafen und einem Gastwirt aus Obereisenheim. Genau geht es hier um den Verkauf von 25 Fechsern (Setzlingen) »Österreicher«, wie der Silvaner früher genannt wurde (und zum Teil auch noch wird), von Obereisenheim nach Castell. Dort wurden diese gepflanzt, und der Silvaner konnte schließlich seinen Siegeszug über die Grenzen Frankens hinaus antre-

Die Mainfähre Obereisenheim

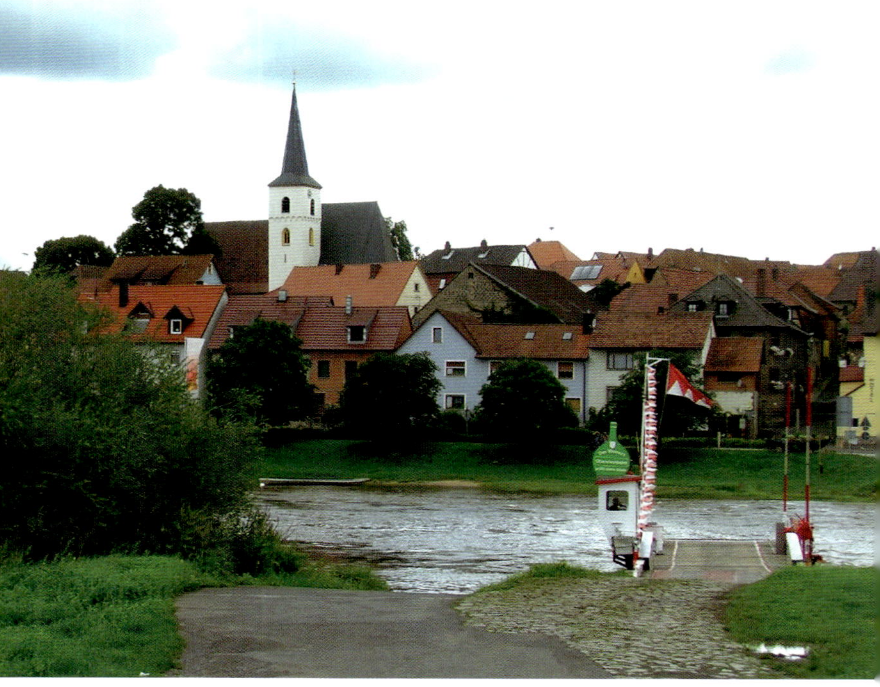

ten. Damit ist klar, dass die Obereisenheimer eine besondere Beziehung zum Silvaner haben. Deshalb haben sie ihm auch ein Denkmal gesetzt, das sich einige Meter von der Mainfähre entfernt am Parkplatz befindet. Und sie haben den *Silvaner-Erlebnisweg* gestaltet, auf dem man sich ausführlich über diese wunderbare Rebsorte informieren kann. (Meine Autorenkollegin Antje Schmelke-Sachs stellt ihr umfassendes Weinwissen auch zum Silvaner zur Verfügung – s. S. 34.)

Von der Mainfähre aus geht es zunächst über die Hauptstraße Richtung *Gasthof Schiff* – übrigens das Gasthaus, dessen Wirt anno 1659 die eben erwähnten Silvanerfechser verkaufte – und die Hirtengasse hinauf in die **Ortsmitte**. Hier wurden seit 2008 im Rahmen der Dorferneuerung Straßen, Häuser und Plätze gepflastert, bepflanzt und umgestaltet. Am Marktplatz laden Bänke beim sprudelnden Brunnen vor dem Rathaus aus dem 18. Jahrhundert zum Verweilen ein. Links dahinter sieht man hinter einem schönen Torbogen die 1496 erbaute Pfarrkirche, die trotz der schlichten Innenausstattung eine barocke Kanzel sowie eine Brandenstein-Orgel – beides aus dem 18. Jahrhundert – besitzt. Die Kirche kann nach vorheriger Rücksprache mit dem Pfarramt besichtigt werden. Die Route führt weiter hinauf bis zum Spielplatz, ab hier geht es in die Weinberge.

Schöne Aussichten, Tulpen und Hundertwasser

Auf dem Weg zum ersten Aussichtspunkt kommt man an Weinbergen vorbei, die im April eine wunderschöne Blütenpracht zeigen: die gelben Weinbergstulpen (s. auch S. 36), eine Wildtulpenart, die auf der Roten Liste der gefährdeten Arten steht.

Oben angekommen eröffnet sich beim Blick ins Maintal, durch das sich der Fluss schlängelt, dessen ganze Schönheit: die Weinberge, Felder und Wälder und die Orte Unter- und

Obereisenheim, auf der anderen Mainseite Fahr – und auf dem Berg gegenüber ist die Vogelsburg zu erkennen. Bei gutem Wetter sieht man bis zu den Höhenzügen des Steigerwalds. Am Aussichtspunkt befinden sich Bänke und ein Tisch, und immer wieder trifft man hier Genießer, die sich einen Bocksbeutel mitgebracht haben, um sich bei einem Glas Wein der schönen Aussicht zu erfreuen.

Parallel zur Flussrichtung des Maines zieht sich der Weg durch die Weinberge der Weinlage Untereisenheimer Sonnenberg. Am Bildstock »Maria unterm Kreuz« angekommen, ist **Untereisenheim** in Sichtweite und von dieser Seite auch das im Hundertwasserstil erbaute *Weingut Hirn*, zu dem sich ein Abstecher lohnt. Der bekannte Künstler Friedensreich Hundertwasser hat dieses Weingut mit dem Architekten Heinz Springmann noch selbst geplant, doch den Bau nicht mehr erlebt, er starb im Jahr 2000. Springmann hat dann das Werk zu Ende gebracht, und so steht hier seit 2003 das einzige Weingut im Hundertwasserstil überhaupt.

Nur ein Stückchen vom Weingut aus die Straße hinunter befindet sich der *Biergarten »Zum Kutscher«,* wo man sich mit einer hausgemachten Pizza für den weiteren Weg stärken kann. Für die Kinder gibt es hier einen kleinen Spielplatz.

Die Kinderstube des Silvaners – durch die Obereisenheimer Weinberge

Am Wald entlang führt der Weg wieder Richtung Obereisenheim und dann weg von den Ortschaften weiter durch die Weinberge. Dies ist die Weinlage **Obereisenheimer Höll**, um deren Namen sich eine Legende rankt – dass nämlich der Teufel selbst für die Namensgebung verantwortlich sei, da er sich vor Hunderten von Jahren erst am Obereisenheimer Wein vergriffen hat und nach Entdeckung und Bestrafung als Sühne seither die Weinberge von unten befeuert, was den Winzern immer gute Jahrgänge beschert. Ob man diese Legende nun glauben mag oder nicht – das mit dem guten Wein stimmt jedenfalls.

Legende zur Obereisenheimer Höll

In alten Zeiten, als das Kloster Fulda noch das Zehntrecht in Obereisenheim hatte, bauten die Mönche hier den Zehntkeller. Die Obereisenheimer – fast durchgehend Winzer – lieferten ihren Zehnt meist in Form von Most ab, der dann in jenem Keller zu gutem Frankenwein wurde. Im größten Fass des Kellers lagerte der beste Wein und der Mönch Kellermeister stellte eines Tages einen Schwund in diesem

Weingut im Hundertwasserstil in Untereisenheim

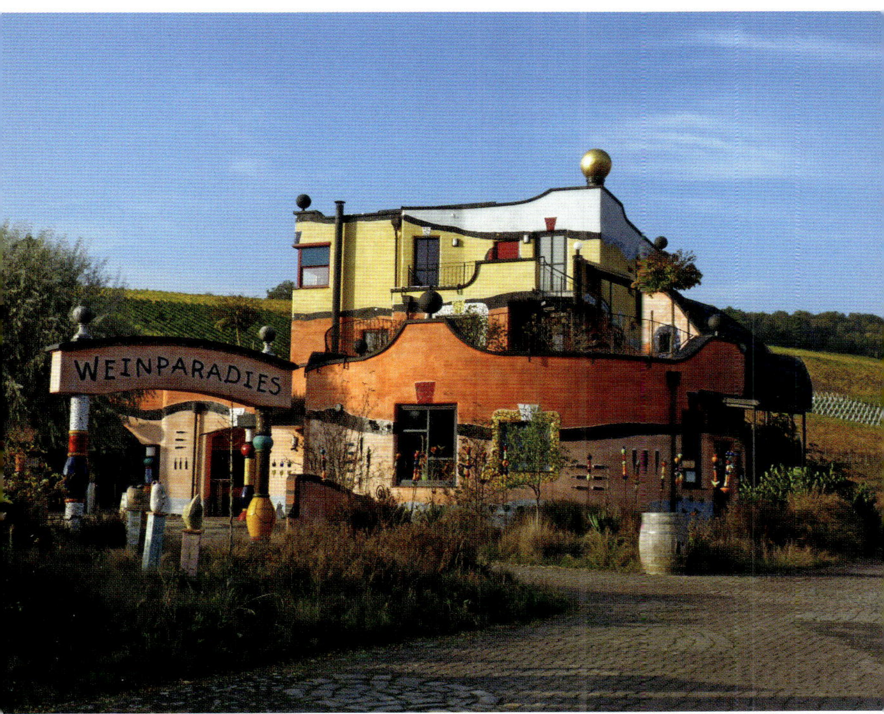

Fass fest, was den Verdacht aufkommen ließ, dass sich hier einer heimlich am guten Wein vergriff. So legte er sich nachts auf die Lauer (es ist zu vermuten, dass er vorher selbst ein paar Schoppen Wein getrunken hatte, um sich Mut zu machen) – und tatsächlich hörte er gegen Mitternacht ein Schmatzen und Schlürfen.
Als er aus seinem Versteck herauslugte, konnte er auf dem Fass den Teufel persönlich sitzen sehen, wie er mit einem Schlauch den guten Wein heraustrank. Mächtig wütend schoss der Mönch mit einem »Gelobt sei Jesus Christus!« auf den Lippen aus seinem Versteck heraus und ging auf den Teufel los. Dieser versuchte zu fliehen, lief die große Kellertreppe hinauf und wollte durch die Tür verschwinden. Doch der Kellermeister war schnell hinterher, schlug die schwere Eichentüre zu und klemmte dem Teufel den Schwanz ein.
Nach einer ordentlichen Tracht Prügel mit dem Knüppel, die er dem Teufel verpasste und jämmerlichem Gejammere des Gefangenen, hatte der Mönch aber Erbarmen. Er nahm dem Höllenfürsten das Versprechen ab, den Wein nun nicht mehr zu stehlen und als Gegenleistung für seine Freilassung zudem die Zusage, dass er künftig die Obereisenheimer Weinberge ordentlich mit dem Höllenfeuer von unten befeuern möge, damit es immer einen guten Wein in Obereisenheim gäbe. Das versprach der Teufel und wurde freigelassen. Und so ist es noch heute – er befeuert die Weinberge von unten, die Sonne wärmt von oben und das Ergebnis sind jedes Jahr ganz *wunderbare* Weine.

An der Strecke finden sich in regelmäßigen Abständen Infotafeln des *Silvaner-Erlebniswegs*. Hat man die Ortsverbindungsstraße zwischen Schwanfeld (dem ältesten Dorf Deutschlands, das das Ziel einer weiteren Tour in diesem Reiseführer ist, s. S. 105) und **Obereisenheim** überquert und ist auf der anderen Hangseite oben angelangt, bietet sich nach einem kurzen Stück Weg auf dem Bergrücken entlang wieder ein schöner Ausblick auf das Maintal, diesmal Richtung Stammheim.

Nun führt der Weg wieder bergab ins Dorf, und unser kleiner Ort hat doch ein bisschen was zu bieten. So gibt es in den sechs Weingütern Möglichkeiten für Weinproben, ein Museum zeigt erzgebirgische Spielzeugkunst, ein Antikladen sowie ein Schmuck- und Deko-Geschäft laden zum Andenkenkauf ein, und ein Dorfladen ist gerade in der Planung. Sogar ein Möbelhaus gibt es hier, wo die in der hiesigen Schreinerei gefertigten Stücke erworben werden können.

In Untereisenheim gibt es neben den Weingütern übrigens einen Quittenladen, der von *Mustea* (s. S. 82 u. 88) betrieben wird, einem fränkischen Rekultivierungsprojekt alter Quittensorten. Und wenn Sie vielleicht gerade zu einer Zeit im Dorf sind, wenn eines unserer vielen (Wein-)Feste stattfindet, können Sie hier bei einem Glas Silvaner gemütlich die Tour ausklingen lassen.

Nicole Dietrich

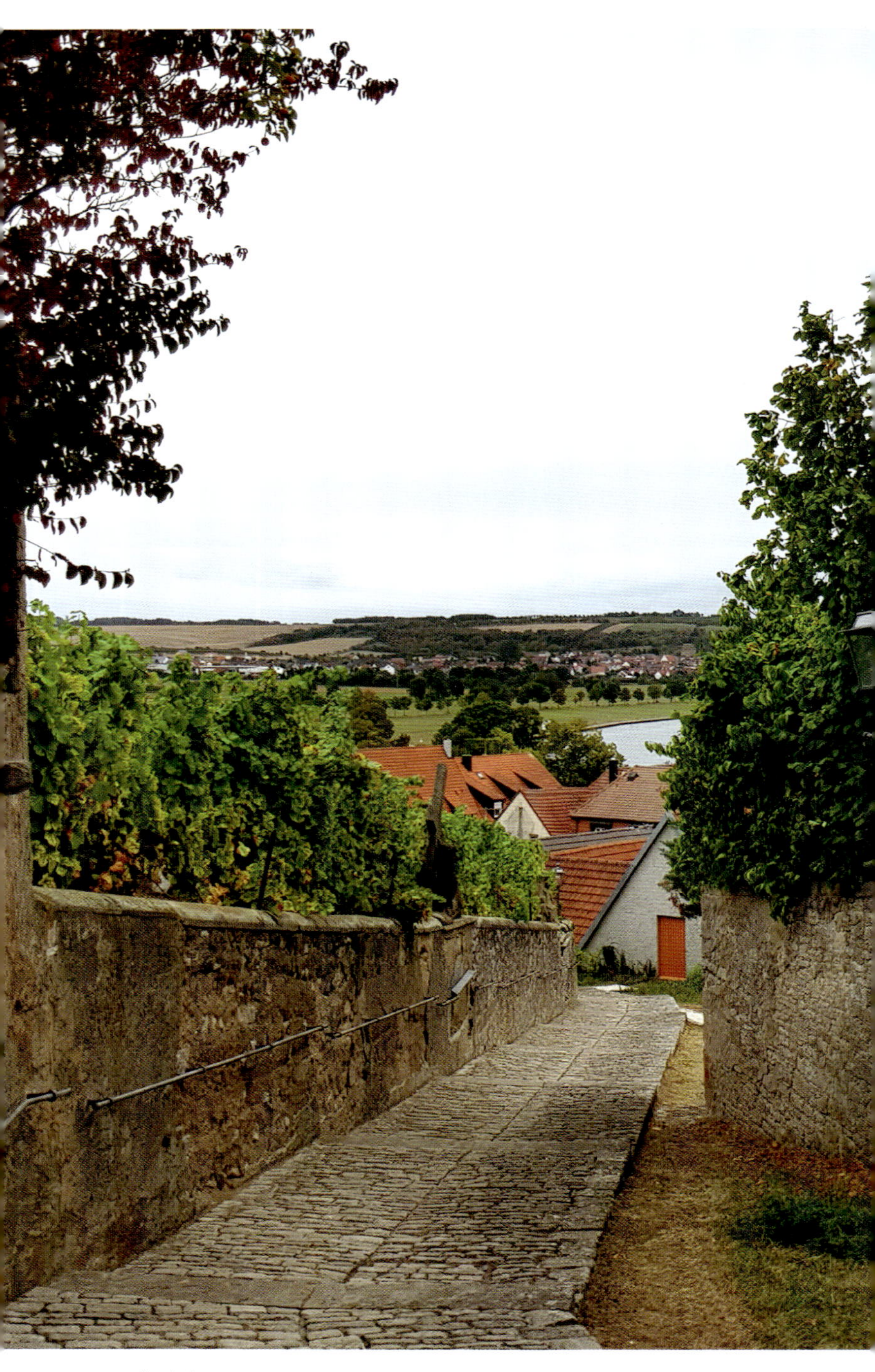

Der Aufgang zum
Kirchberg in Wipfeld

Zum ältesten Dorf Deutschlands

Tour 9

Auf dem Panoramaweg von Wipfeld nach Schwanfeld und zurück

Rundwanderweg durch Felder und Weinberge auf idyllischen Pfaden mit herrlichen Ausblicken in die mainfränkische Landschaft. Auf dieser Tour geht es weit in der Geschichte zurück und vom mittelalterlichen Ortskern Wipfelds nach Schwanfeld, ins älteste Dorf Deutschlands.

Strecke: Wipfeld – Schwanfeld – Wipfeld
Länge: 13 km (Rundwanderung)
Höhenunterschied: ca. 200 m
Markierung: *Panoramaweg*, sehr gut ausgeschildert
Einstiegspunkt: Start ist am Marktplatz; Parkplätze gibt es (nicht weit entfernt) an der Mainfähre; von der Bushaltestelle *Nikolaus-Müller-Straße* ist es ebenfalls nur ein kurzer Fußweg zum Marktplatz.
Anreise mit dem Auto: Parkplätze am Main, direkt neben der Mainfähre
Anreise mit den öffentlichen Verkehrsmitteln: Buslinie 8135 ab Schweinfurt; Mai–Okt: Mainschleifen-Shuttle Linie 105 ab Volkach
Karte: Landesamt für Digitalisierung, Breitband und Vermessung: *Fränkisches Weinland* UK 50-7, 1:50.000
Wegbeschaffenheit: befestigte Wege, Feldwege
Schwierigkeitsgrad: mittel, ausgedehnte Tour mit leichten Steigungen
Familientauglichkeit: Nicht für Kinderwagen geeignet, da der Weg größtenteils über Feldwege führt. Am Main in Wipfeld befindet sich ein Spielplatz.

Wetter: Die Tour hat ganzjährig ihren Reiz. Da sie viele Feldwege beinhaltet, ist allerdings trockenes Wetter zu empfehlen. Schatten ist Mangelware, bedenken Sie das bei Touren im Hochsommer.

Übernachtungstipps:

Es gibt einen Wohnmobilstellplatz direkt am Main. Im Ort stehen zwei Gästehäuser und eine Pension zur Verfügung, die insbesondere mit Fahrradfreundlichkeit werben. Da die Anzahl der Zimmer in Wipfeld überschaubar ist, sollte man bei der Unterkunftssuche auch die umliegenden Ortschaften (z. B. Obereisenheim, s. S. 92) berücksichtigen. Der nächstgrößere Ort mit mehr Übernachtungsmöglichkeiten ist Volkach (s. S. 66).

Pension Weinlaube, Obereisenheimer Str. 12, 97537 Wipfeld Tel. 0 93 84/5 05, www.pensionweinlaube.de
Kleine, familiengeführte Pension, Fahrradverleih, Abstellmöglichkeit für Fahrräder

Biergarten Zehntgraf und Gästehaus, Zur Mainfähre 2, 97537 Wipfeld, Tel. 0 93 84/8 82 52 55, www.zehntgraf.de

Gaststätte Anker-Stube und Gästehaus, Mainstr. 3, 97537 Wipfeld, Tel. 0 93 84/90 37 90, www.ankerstube.net

Hier geht's lang

Start der Tour ist am Marktplatz von Wipfeld, wo man einige sehr schöne historische Häuser bewundern kann. Durch einen Durchgang geht es von hier aus zu den Gässchen, die hinauf auf den Berg zur Kirche St. Johannes der Täufer führen. Nach Umrundung der Kirche führt der Weg ortsauswärts in die Felder und Weinberge. Die Strecke ist mit der Markierung *Panoramaweg* sehr gut ausgeschildert, und man sollte diesen Wegweisern auch wirklich folgen. Scheinbar unnötige

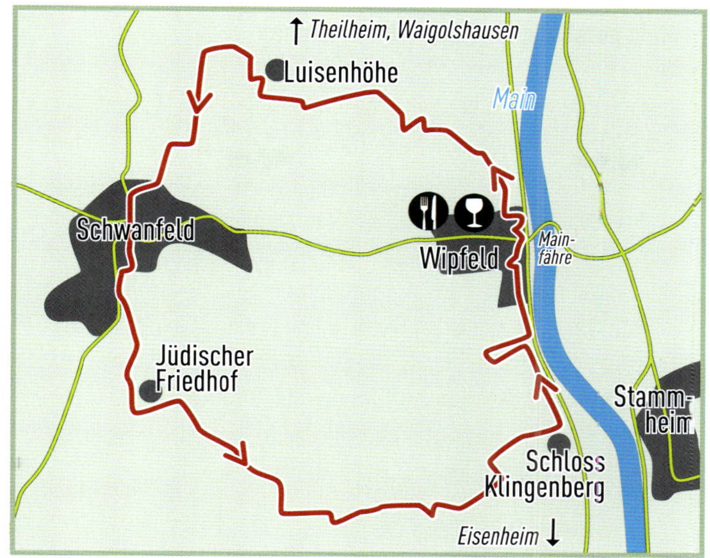

Umwege, auf die die Markierung führt, entpuppen sich nämlich als notwendige Schlenker, ohne die man nicht ans Ziel gelangt.

Es geht stetig bergauf bis zur Luisenhöhe, wo am Kreuz Möglichkeit für eine Rast besteht. Von hier aus führt der Weg nun wieder bergab nach Schwanfeld, durch den Ort hindurch und auf der anderen Seite weiter Richtung jüdischen Friedhof, dann bergauf und etwa einen Kilometer durch den Wald. In der Gemarkung Obereisenheim kommt man aus dem Wald heraus und wendet sich nach links, an Weinbergen vorbei geht es anschließend wieder Richtung Wipfeld. Zwischendurch wird eine Ortsverbindungsstraße überquert, bevor über Feldwege das Schloss Klingenberg angesteuert wird (das jedoch in Privatbesitz ist und nicht besichtigt werden kann). Von hier führt die Route oberhalb der Straße an der Hangkante entlang, bis sie wieder am Startpunkt in Wipfeld anlangt.

Mein persönlicher Tipp – Flammkuchen

Leider nur zu bestimmten Zeiten geöffnet, aber meiner Meinung nach einmalig in der Gegend, ist die *Flammkuchenstube Hopp-Auf*. Hier sitzt man mit anderen Gästen an großen Tischen, lernt die Gastgeber beim unkomplizierten Plaudern kennen und kann leckeren Flammkuchen genießen. Außerdem gibt es eine gute Auswahl an örtlichen Weinen, zu denen man von den Gastgebern gerne beraten wird. Wer möchte, kann die probierten Weine auch beim örtlichen Winzer einkaufen.

Flammkuchenstube Hopp-Auf, Lindenstr. 18, 97537 Wipfeld
Tel. 0 93 84/15 30, www.flammkuchenstube.de; verschiedenste Sorten Flammkuchen, gemütliche, familiäre Atmosphäre

Beeindruckendes Fachwerk in Wipfeld: der Grüne Baum

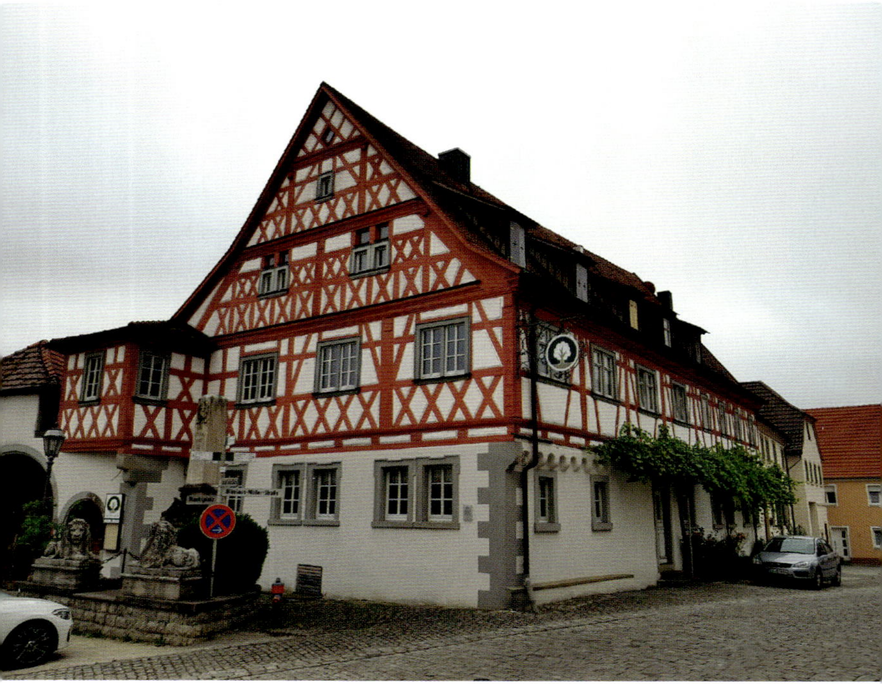

Einkehrtipps:

Biergarten Zehntgraf und Gästehaus, Zur Mainfähre 2, 97537 Wipfeld, Tel. 0 93 84/8 82 52 55, www.zehntgraf.de
Apr–Sep bei guter Witterung
Kleine Gerichte u. Getränke, nahe an Main u. Mainfähre

Gaststätte Anker-Stube und Gästehaus, Mainstr. 3, 97537 Wipfeld, Tel. 0 93 84/90 37 90, www.ankerstube.net
Gutbürgerlich fränkische Küche, zentral gelegen

Wein(gut)- und Einkaufstipps:

Anno Domini, Herbert Schneider
Nikolaus-Müller-Str. 1, 97537 Wipfeld
Tel. 0 93 84/15 69, www.anno-domini-wipfeld.de
Der Wein aus dem historischen Wengert mit Gemischtem Satz (s. auch S. 112)

Weingut Lother, Birkenstr. 3, 97537 Wipfeld
Tel. 0 93 84/18 67, www.weingut-lother.de
Umfangreiche Weinkarte, im Herbst Winzerstube geöffnet

Weinbau Franz Fischer, Engelbert-Klüpfel-Str. 6, 97537 Wipfeld, Tel. 0 93 84/5 49, www.weinbau-fischer.de
Täglicher Weinverkauf; neben Weinen sind auch Schnäpse u. Liköre im Verkauf, Häckerstube zu best. Zeiten geöffnet

Kulturtipps:

Bandkeramik-Museum, Pfarrgasse 4, 97523 Schwanfeld
Tel. 0 93 84/9 73 00, www.schwanfeld.de
Mitmach- und Anfassmuseum für Klein u. Groß, Darstellung von Handwerk u. Gegenständen der Bandkeramikzeit, Präsentation lokaler Ausgrabungsstücke

Literaturhaus Wipfeld, Bachgasse 1, 97537 Wipfeld
Tel. 0 93 84/9 73 00, www.literaturhaus-wipfeld.de
Literaturmuseum; regelmäßige Veranstaltungen, Lesungen u. a.

Das gibt's zu sehen

Wipfeld ist eine 1.100-Seelen-Gemeinde mit einem sehenswerten Ortskern, dessen Grundriss seit dem Jahr 1600 weitgehend gleich geblieben ist. Außerdem ist er einer der drei Orte an diesem Abschnitt des Maines, der – neben Fahr und Obereisenheim – noch eine Mainfähre besitzt. Dort an der Fähre gibt es Parkplätze, wo das Fahrzeug zu Beginn der Tour abgestellt werden kann.

Die Fähren haben übrigens keinen festen »Fahrplan«. Innerhalb der festgelegten Fährzeiten wird quasi auf Zuruf übergesetzt, sobald jemand am Ufer steht, auch wenn dieser Jemand ein einzelner Fahrradfahrer oder Fußgänger ist.

Historisches Wipfeld

Von der Fähre aus geht es ein paar Meter bis zur Obereisenheimer Straße, die überquert werden muss, um in den Ortskern zu gelangen, der über ein paar Meter Kopfsteinpflaster aber schon erreicht wird. Kommt man durch den schmalen Durchgang, zu dem die Mainstraße führt, öffnet sich der **Marktplatz** mit historischer Baustruktur.

Linker Hand befindet sich der ehemalige Unterhof Würzburgs, ein Areal, das sich über mehrere Gebäude erstreckt und zu den ältesten Höfen des Ortes zählt. Daran schließt sich ein wunderschönes Fachwerkgebäude an, das *Gasthaus zum Grünen Baum*, dessen älteste Bauteile auf das 16. Jahrhundert zurückgehen und das bis vor einiger Zeit bewirtschaftet wurde, aktuell aber keinen gastronomischen Service bietet. Schräg gegenüber findet sich ein Walmdachhaus aus dem 18. Jahrhundert, das zum Literaturhaus umgebaut wurde, um die berühmten Dichtersöhne Wipfelds zu ehren – neben dem bekanntesten, Conrad Celtis, sind das Eulogius Schneider, Engelbert Klüpfel und Nikolaus Müller. Das Gebäude wurde

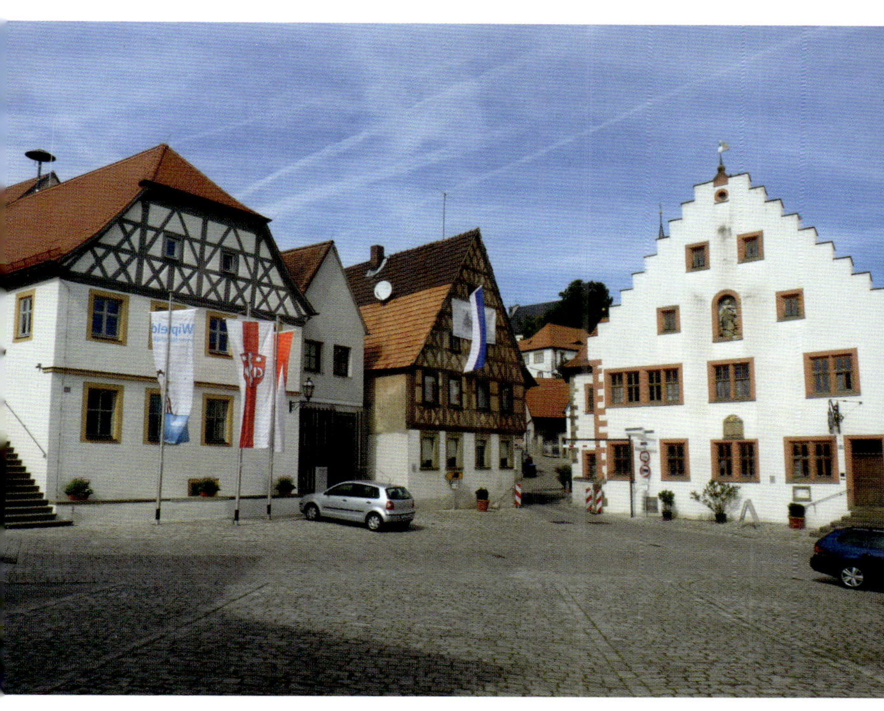

Der historische Ortskern von Wipfeld

umfassend saniert, es beherbergt heute ein Literaturmuseum und bietet in unregelmäßigen Abständen auch literarische Veranstaltungen an.

Der Celtis-Rundweg

Der Dichter Conrad Celtis ist der Namensgeber für einen empfehlenswerten Rundweg durch die Wipfelder Gassen. Mithilfe eines nummerierten Planes, der im Internet abrufbar ist (www.wipfeld.de), kommt man durch den Ortskern, dessen Grundriss seit 400 Jahren fast unverändert geblieben ist. So bekommt man beim Weg zwischen Fachwerkhäusern und Amtshöfen, zu Pfarrhaus, Kirche und historischem Wengert (die auf Tafeln an den jeweiligen Stationen näher beschrieben sind) einen Einblick in die Baukunst in einem mittelalterlichen fränkischen Dorf.

Unsere Tour, die am Marktplatz vor dem Rathaus anknüpft, führt durch die Gassen hinauf auf den Berg zur katholischen Pfarrkirche. Dabei geht es am historischen »Wengert« (süddeutsch für Weinberg oder Weingarten) vorbei. Seit 1723 wird er fast unverändert bewirtschaftet und – wie von alters her überliefert – im *Gemischten Satz* angebaut. Hierbei werden verschiedene Rebsorten in demselben Weinberg angepflanzt, zusammen gelesen und ausgebaut. Die Zusammensetzung der Rebsorten Elbling, Junker, Muskateller und Österreicher (Silvaner) ist unverändert geblieben, ebenso wird der Weinberg immer noch ausschließlich von Hand bearbeitet. Den Wein aus diesem Weinberg kann man auch erwerben, er wird als *Anno Domini Wipfeld* (s. S. 109) verkauft.

Durch Felder und Weinberge nach Schwanfeld

Die **Kirche St. Johannes der Täufer**, die über dem Ort auf dem Berg thront, hat einen sogenannten Echterturm. Diese spezielle Bauart eines achteckigen Turmdaches auf viereckigem Grundriss geht auf den Fürstbischof Julius Echter zurück und ist an vielen Kirchen in Unterfranken zu finden. Die klassizistische Innenausstattung wurde ebenfalls vom Bistum Würzburg beauftragt, sie gestaltete der fürstbischöfliche Hofstuckateur Materno Bossi, der auch die überschäumenden Stuckaturen in der Würzburger Residenz schuf.

Die Kirche wird umrundet, und schon bald geht es aus dem Ort hinaus durch Weinberge und Felder. Der nächste markante Wegpunkt ist die **Luisenhöhe**. Von Weitem ist schon das Kreuz zu sehen, hier stehen auch Bänke und ein Tisch. Es ist ein wunderschöner Platz zum Rasten mit herrlichem

Rundumblick in die mainfränkische Landschaft. Die Aussicht reicht bis zum Steigerwald und (hinter Schweinfurt) bis zur Rhön.

Auf waagrecht montierten Tafeln sind die Entfernungen zu verschiedenen Ortschaften angezeigt. So sieht man, dass der Ausgangspunkt Wipfeld etwa 2,3 Kilometer entfernt liegt, das nächste Ziel, Schwanfeld, noch 1,8 Kilometer von hier. Auf der anderen Seite geht es nun wieder den Berg hinab nach **Schwanfeld**. Hier gibt es verschiedene Wege, um durch den Ort zu kommen. Orientiert man sich immer am Kirchturm, bleibt man in der richtigen Richtung.

Rastplatz am Wegesrand, in der Ferne zu sehen Grafenrheinfeld und Schweinfurt

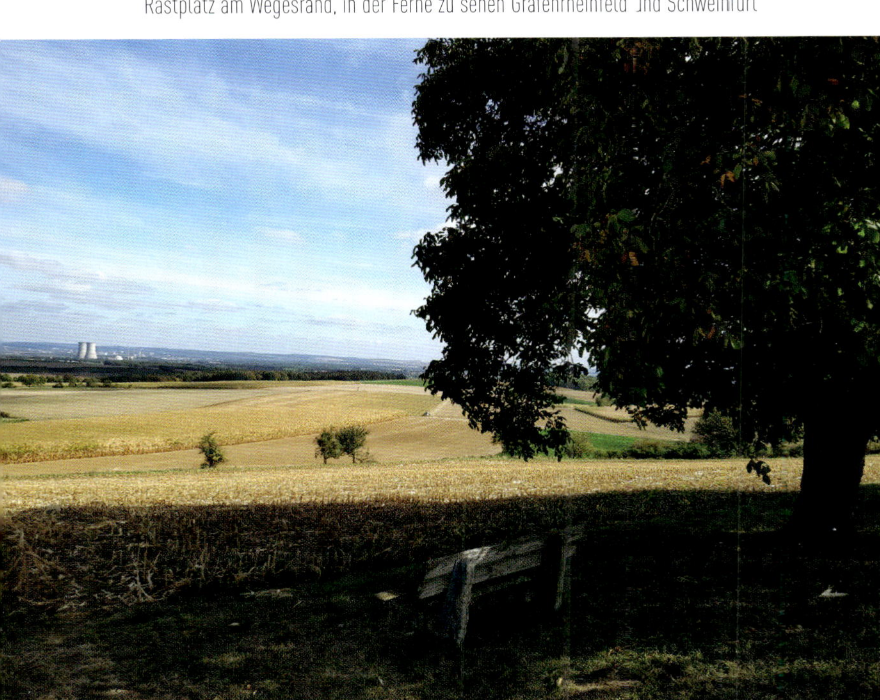

In Nachbarschaft zur Kirche befindet sich das *Bandkeramik-Museum*. Als ich in den Achtzigerjahren in Schwanfeld in die Schule ging, gab es hinter der Schulturnhalle Ausgrabungen, die wir seinerzeit auch besichtigen konnten. Hier wurden Überreste einer 7.500 Jahre alten Siedlung gefunden, und seitdem gilt Schwanfeld als ältestes Dorf Deutschlands. Im Museum können Ausgrabungsgegenstände besichtigt werden, außerdem gibt es Beschreibungen und Nachbildungen des Lebens während der Bandkeramikzeit.

Es geht aus dem Ort heraus, über Feldwege ins Grüne. In Schwanfeld bestand schon im 16. Jahrhundert eine jüdische Gemeinde, die durchgängig bis zur NS-Zeit existierte. Dazu gehörte eine Synagoge (deren Einrichtung 1938 vollständig zerstört wurde) und eine Schule, sowie ein **Friedhof**, der sich noch immer am Schwanfelder Ortsrand befindet und das nächste Ziel auf dem Weg ist. Es sind noch 2.400 Gräber und ein Taharahaus erhalten, und es wird großen Wert auf Pflege und Erhalt der Begräbnisstätte gelegt. So ist die Gemeinde Schwanfeld Mitglied der Deutsch-Israelischen Gesellschaft, um die Betreuung der geschlossenen jüdischen Friedhöfe kümmert sich in Bayern der *Landesverband israelitischer Kultusgemeinden in Bayern*.

Ein schmaler Weg führt bergauf zum Wald, der ein Stück durchquert wird, bevor es zunächst durch die Weinberge und dann durch Felder hinabgeht. Übers freie Feld hat man schöne Ausblicke weit in die Gegend, und bald kommt **Schloss Klingenberg** ins Blickfeld. Das Schloss bestand schon im 13. Jahrhundert, es war Amtssitz des Hochstifts Würzburg, außerdem wurde hier auch Gericht gehalten. In der heutigen Ansicht stammt es größtenteils aus dem 16. Jahrhundert, wo es nach der Zerstörung im Bauernkrieg wiederaufgebaut wurde. Es ist allerdings im Familienbesitz und kann nicht besichtigt werden.

Von hier geht die Route oberhalb der Straße am Hang entlang wieder zurück nach **Wipfeld**, wo sich zum Abschluss eine Rast anbietet. Sofern geöffnet kann man für den kleinen Hunger und eine Erfrischung im *Biergarten Zehntgraf* einkehren, der einem Gästehaus angeschlossen ist und von wo man einen schönen Blick auf den Main und die Wipfelder Mainfähre hat. Nicht weit davon ist ein kleiner Spielplatz. Entscheidet man sich für eine ausgiebigere Mahlzeit, so sind die *Ankerstuben* einen Besuch wert; wer es etwas spezieller mag, ist in der *Flammkuchenstube Hopp-Auf* gut aufgehoben.

In jedem Fall gibt es ausreichend Möglichkeiten, hier die Tour gemütlich ausklingen lassen.

Nicole Dietrich

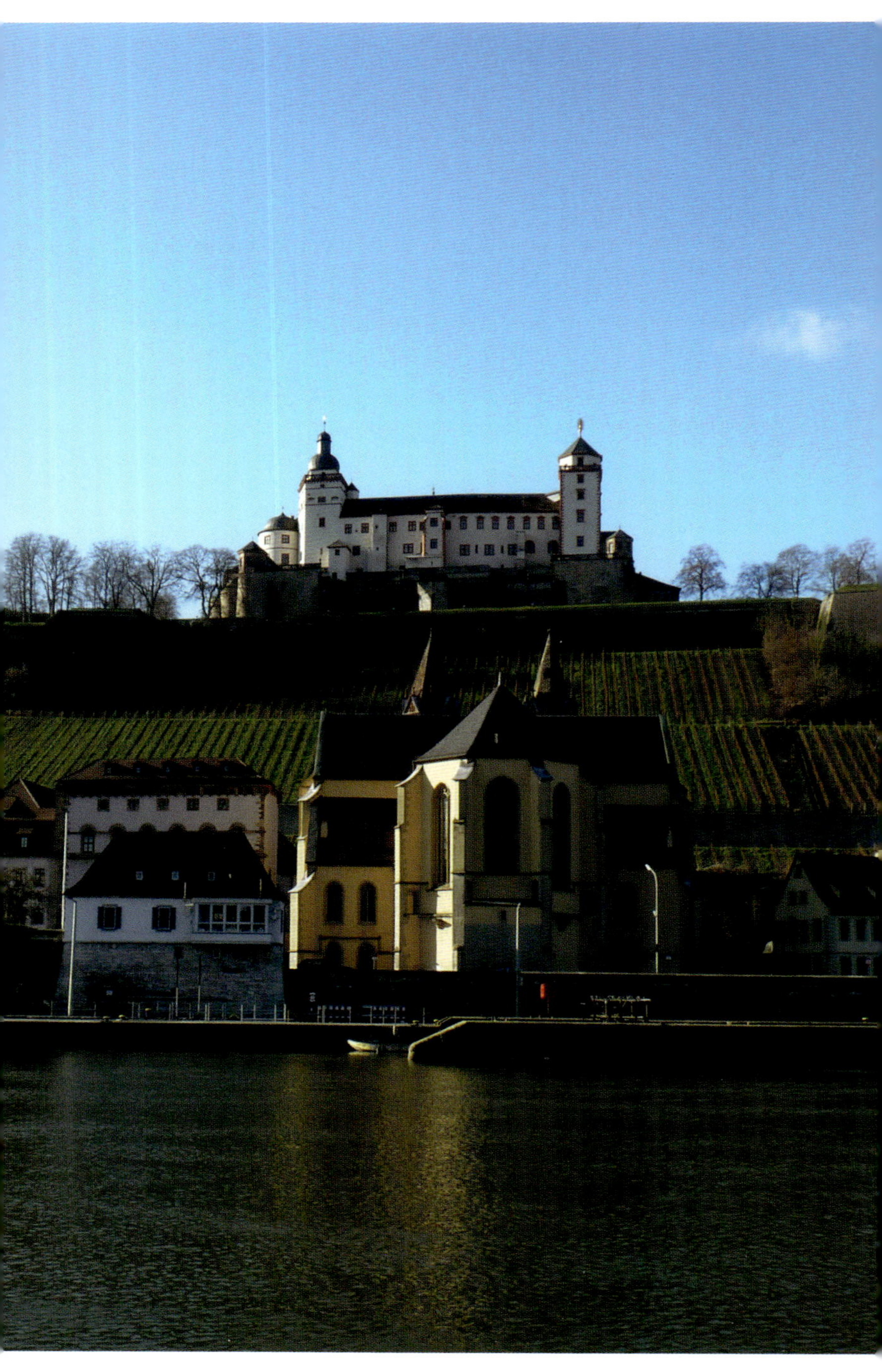

Die Festung Marienberg und davor die Burkarder Kirche – zwei der vielen Sehenswürdigkeiten auf dieser Tour

Über den Dächern von Würzburg

Tour 10

Ausblicke auf Würzburg von Festung Marienberg, Käppele und Frankenwarte

Eine mittelschwere Wanderung über die Wallfahrtskirche Käppele zur Festung Marienberg und von dort zur Frankenwarte, jeweils mit schönen Ausblicken auf die Stadt aus unterschiedlichen Perspektiven. Dabei geht es durch Weinberge und an der ältesten Kirche Würzburgs – St. Burkard – vorbei. Kennzeichnend für diese Tour sind viele Treppenstufen, auf- und abwärts.

Strecke: Würzburg, Frankenwarte – Käppele – Festung Marienberg – Frankenwarte

Länge: 6,5 km (Rundweg ohne Abstecher)

Höhenunterschied: ca. 200 m

Markierungen: keine

Einstiegspunkt: Startpunkt ist der Parkplatz Nikolaushof, hier befindet sich auch die Bushaltestelle.

Anreise mit dem Auto: Parken am Parkplatz Nikolaushof, bei der kurvigen Fahrt nach oben den Hinweisschildern *Schützenhof* bzw. *Frankenwarte* folgen.

Anreise mit den öffentlichen Verkehrsmitteln: Vom Hauptbahnhof mit der Straßenbahn Linie 1, 3 oder 5 bis Sanderring, hier weiter mit Buslinie 35 (Frankenwarte) bis Haltestelle *Käppele.* Bitte beachten: Nicht bei jeder Fahrt wird diese Haltestelle angefahren. Alternativausstieg ist die Haltestelle *Frankenwarte* und ein Fußweg von ca. 500 m zum Startpunkt.

Karte: Stürtz Stadtplan *Würzburg* 1:16.500; in der Tourist-Information gibt es kostenlos den *Stadtplan für Gäste* und die Broschüre *Wandern und Gartenkunst rund um Würzburg.*

Wegbeschaffenheit: Straße, Kopfsteinpflaster, Betonwege, viele Treppen

Schwierigkeitsgrad: Mittel. Für die vielen Treppen und da die Route einige Male bergauf und bergab führt, ist eine gewisse Grundkondition erforderlich.

Familientauglichkeit: Aufgrund der vielen Treppenstufen nicht für Kinderwagen geeignet. In der Nähe der Frankenwarte befindet sich ein großer Spielplatz, der auch viel Fläche für ein Picknick bietet. Ein Abstecher zur Festung Marienberg lohnt sich in jedem Fall, gerade für Kinder sind Burgen spannend. Das Museum für Franken, das sich dort befindet, bietet regelmäßig Familienführungen an (aktuelle Termine unter museum-franken.de).

Wetter: Diese Tour ist das ganze Jahr über möglich. Ein Blick auf die verschneite Stadt hat ebenso ihren Reiz wie der Weg durch traubenbehangene Weinberge im Herbst oder zartes Grün im Frühjahr. Es ist jedoch zu beachten, dass die Wege – hier vor allem die Treppen – bei nassem Wetter rutschig sein können. Das gilt besonders, wenn feuchtes Laub auf den Steinen liegt.

Übernachtungstipp:

Würzburg hat eine Vielzahl an Unterkünften für jedes Budget zu bieten – Jugendherberge oder 4-Sterne-Hotel, Wohnmobilstellplatz oder Ferienwohnung. Sollten Sie ohne Buchung anreisen, hilft Ihnen die Tourist-Information im Falkenhaus am Markt oder im Palais neben dem Congress Centrum bei der Unterkunftssuche.

Hier geht's lang

Start ist am Parkplatz Nikolaushof. Die Route führt Richtung *Restaurant Nikolaushof*, wobei dieses Lokal, in dem es übrigens

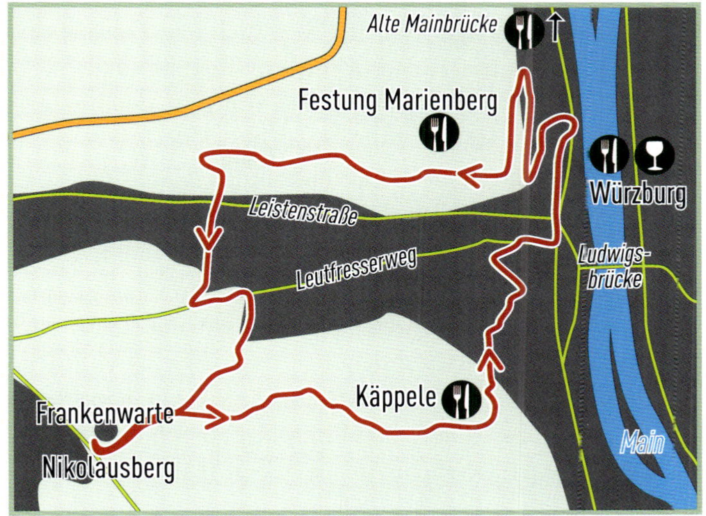

gehobene fränkische Küche gibt, links liegen gelassen wird (es sei denn, Sie wollen sich zuerst für die Tour stärken). Das erste Highlight auf dem Weg ist dann aber das Käppele, von dessen Terrasse man schon den ersten schönen Ausblick auf Würzburg hat.

Dann geht es den Kreuzweg bergab und immer die Nikolausstraße entlang (zwischendurch gibt es die Möglichkeit, den Weg durch Treppenstufen, die rechts bergabführen, abzukürzen. Sie münden wieder in die Nikolausstraße ein). Am Ende der Straße geht es links weiter auf der Mergentheimer Straße und auf dem Fußweg entlang bis zur Kirche St. Burkard. Hier kann man den Weg in die Weinberge leicht übersehen. Nördlich der Kirche muss man dazu durch den Kirchhof gehen, an der Rückseite des Hofs befindet sich eine Pforte (die in der Regel offensteht und bei meiner Wanderung mit einem Hinweisschild versehen war). Durch diese Pforte gelangt man zunächst auf einen Pfad, der an der Rückseite der Kirche und an der Jugendherberge entlangführt, dann durch eine Unterführung, bis man inmitten der Weinberge herauskommt.

Hier schlängelt sich nun der Weg Richtung Festung und dann um sie herum (ein Abstecher zur Festung lohnt in jedem Fall, nicht nur wegen der auch von dort sehenswerten Aussicht auf Würzburg). Nach etwa zwei Kilometern durch die Weinberge führt eine Treppe links hinab. Unten angekommen kommt man an einen recht versteckten, efeubewachsenen Durchgang, von dem aus es in eine Unterführung geht, die die Leistenstraße unterquert. Ab hier geht es stetig bergauf, zunächst den Wolfgang-Lenz-Weg entlang, dann nach links (Osten) ein Stück auf dem Leutfresserweg, anschließend folgen ungezählte Treppenstufen, die vielsagende Kniebreche entlang, nach oben. Den Abschluss bildet ein Stück durch den Wald und die parkähnliche Anlage bis zur Frankenwarte. Anschließend geht es über den Albert-Günther-Weg wieder zurück zum Ausgangspunkt.

Mein persönlicher Tipp – der Brückenschoppen:

Eine noch recht junge Tradition, doch schon fest in Würzburg etabliert ist der Brückenschoppen. Auf der Alten Mainbrücke finden sich zu jeder Jahreszeit, sobald es das Wetter zulässt, Genießer ein. Drei Lokalitäten – *die Mainmühle*, das *Main-Wein-Bistro* und die *Vollkornbäckerei Köhler* – bieten Wein im Straßenverkauf an, auf der anderen Seite der Brücke auch der *Brückenbäck*. Man holt sich seinen Schoppen, sucht sich ein hübsches Eckchen auf der Brücke – vorzugsweise mit gutem Blick auf die Festung Marienberg –, und meist hat man auch die Gelegenheit, einem Straßenmusiker zu lauschen. So kann man in geschichtsträchtiger Kulisse das Leben in der kleinen Großstadt Würzburg, die auf wunderbare Art jung und alt gleichermaßen ist, genießen.

Einkehrtipps:

Nikolaushauf, Johannisweg 1, 97082 Würzburg
Tel. 09 31/79 75 00, www.nikolaushof.com
Gute fränkische Küche über den Dächern der Stadt

Schützenhof, Mainleitenweg 48, 97082 Würzburg
Tel. 09 31/7 24 22, www.schuetzenhof-wuerzburg.de
Herrliche Aussicht von der Terrasse, schön zum Schöppeln

Alte Mainmühle, Mainkai 1, 97070 Würzburg
Tel. 09 31/1 67 77, www.alte-mainmuehle.de
Ausschank Brückenschoppen, auch kleine Gerichte im Straßenverkauf; Restaurant mit fränkischer Küche, Reservierung empfohlen

Fränkisches Restaurant & Weinhaus Zum Stachel
Gressengasse 1, 97070 Würzburg
Tel. 09 31/5 27 70, www.weinhaus-stachel.de
Historisches Gebäude, ältestes Gasthaus Würzburgs, gehobene fränkische Küche, Reservierung empfohlen

Backöfele, Ursulinergasse 2, 97070 Würzburg
Tel. 09 31/5 90 59, www.backoefele.de
Rustikales Ambiente, gehobene traditionelle u. fränkische Küche; meine erste Wahl, wenn ich selbst mit Gästen zum Essen gehe

Weingut- und Einkaufstipps:

*Hinweis: VDP steht für »Verband Deutscher Prädikatsweingüter«

Staatlicher Hofkeller Würzburg
Rosenbachpalais, Residenzplatz 3, 97070 Würzburg
Tel. 09 31/3 05 09 23, www.hofkeller.de
Staatsweingut, eines der ältesten Weingüter der Welt, VDP-Weingut mit Spitzenlagen u. -weinen, Führungen im historischen Keller unter der Residenz, im Sommer Weinfest im Hofgarten der Residenz

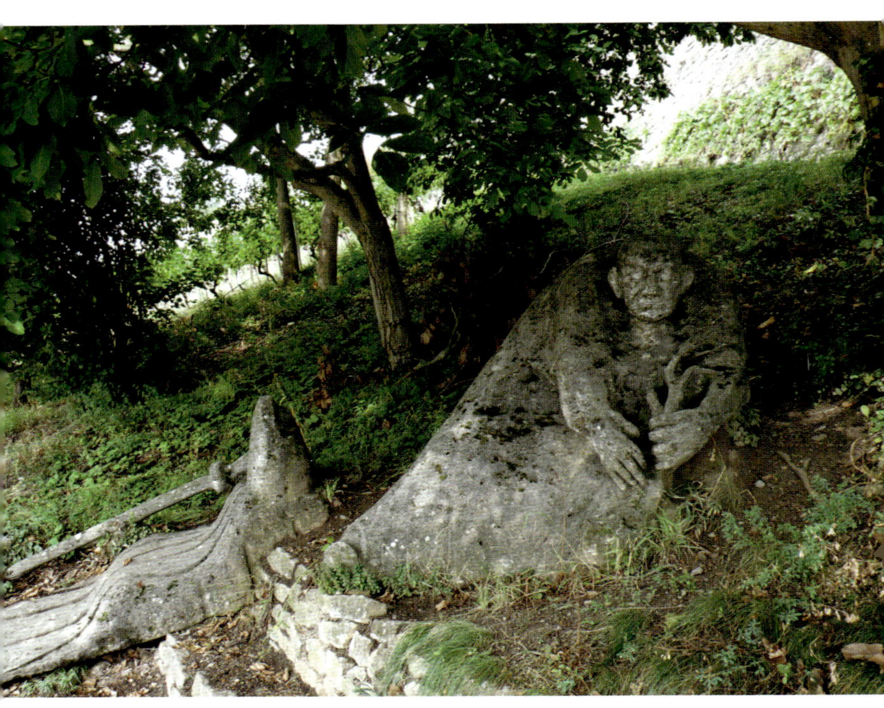

Später auf der Tour zu sehen: Abt Alberich Degen

Weingut Juliusspital, Klinikstr. 1, 97070 Würzburg
Tel. 09 31/3 93 14 00, www.juliusspital-weingut.de
Weltweit größtes Silvanerweingut, Teil der Stiftung Juliusspital, größtes Würzburger Weingut, VDP-Weingut mit Weinbergen, die über 100 km in Franken verteilt sind

Bürgerspital zum Hl. Geist – Weingut
Theaterstr. 19, 97070 Würzburg
Tel. 09 31/3 50 34 41, www.buergerspital.de/weingut
VDP-Weingut, viele Auszeichnungen, Führungen durch das Weingut, Hofschoppenfest im Juni:
www.buergerspital-hofschoppenfest.de

Weingut am Stein, Mittl. Steinbergweg 5, 97080 Würzburg
Tel. 09 31/2 58 08, www.weingut-am-stein.de
Bio-dynamischer Weinbau, VDP-Weingut in moderner

Architektur, mit Sterne-Restaurant *Reiser* u. Gästehaus

Main-Wein-Bistro, Alte Mainbrücke 4, 97070 Würzburg Tel. 09 31/30 41 87 78; Ausschank Brückenschoppen, Weinverkauf der Winzergemeinschaft Franken

Vollkornbäckerei Köhler, Karmelitenstr. 1, 97070 Würzburg Tel. 09 31/57 17 18, www.koehlers-vollkornbaeckerei.de Ausschank Brückenschoppen, große Auswahl an Bio-Backwaren, kleines Café, auch warme Gerichte

Gaumenfreund Würzburg, Mergentheimer Str. 12, 97082 Würzburg, Tel. 09 31/26 08 16 28 www.gaumenfreund-wuerzburg.de Kleines Lädchen mit internationaler u. regionaler Feinkost, wechselnde warme Mahlzeiten, Kaffee u. Kuchen

Service- und Kulturtipps:

Tourist-Information u. Ticket-Service im Falkenhaus am Markt Marktplatz 9, 97070 Würzburg, Tel. 09 31/37 23 98, www.wuerzburg.de

Congress-Tourismus-Würzburg, Turmgasse 11, 97070 Würzburg, Tel. 09 31/37 23 35, www.wuerzburg.de

Käppele, www.kaeppele-wuerzburg.de

Kirche St. Burkard (Burkarder Kirche), www.st-burkard.de

Museum für Franken (in der Festung Marienberg), museum-franken.de

Residenz Würzburg, www.residenz-wuerzburg.de

Stein-Wein-Pfad, www.wuerzburger-steinweinpfad.de

Das gibt's zu sehen

Kleine Großstadt, Weinstadt, Universitätsstadt, Regiopole, Barockstadt, junge alte Stadt – das alles ist Würzburg. Reich an Geschichte mit einflussreichen Bischöfen und irischen Missionaren, reich an Kultur mit UNESCO-Welterbestätte und zahlreichen Festivals, reich an Genuss mit ausgezeichneten Weinen und Weingütern. Bischofsstadt ist Würzburg seit dem 8. Jahrhundert – und ist es bis heute. Und die Bischöfe haben die Stadt geprägt, nicht zuletzt durch von ihnen in Auftrag gegebene Bauwerke. Zwei davon – die Wallfahrtskirche Käppele und die Festung Marienberg – gibt es auf dieser Tour zu sehen.

Vom Käppele zur ältesten Kirche Würzburgs

Auf dem **Nikolausberg** unterhalb der **Frankenwarte** auf halbem Weg zum *Restaurant Schützenhof* beginnt diese Tour. Hier befinden sich ein Parkplatz und auch eine Bushaltestelle, also ein guter Startpunkt für eine Wanderung mit Ausblicken auf die Stadt aus ganz unterschiedlichen Perspektiven. Der erste markante Punkt auf dem Weg nach ein paar Metern Richtung Osten ist der *Nikolaushof*.

Da Start- und Endpunkt der Tour gleich sind, bietet sich dieses Restaurant mit fränkischer Küche für einen Besuch im Anschluss an die Wanderung an. Am Lokal vorbei führt ein Fußweg Richtung **Käppele**, und schon nach kurzer Zeit kommen seine Dächer in Sicht. Bei der Bezeichnung für diese Wallfahrtskapelle bekommt man einen kleinen Einblick in den fränkischen Dialekt. Gerne verniedlichen wir die Dinge, und zu diesem Zweck wird (wie auch im Hochdeutschen) an ein Wort eine Verkleinerungsform gehängt. Die Variationen der Verkleinerung sind in den fränkischen Regionen unterschiedlich, in Mainfranken herrscht die Endung -le vor. Und so wird aus einer ansehnlichen Kapelle ganz schnell »das Käppele«.

Eine Dopplung dieser Verniedlichung gibt es gleich, wenn man über die Treppen von hinten an das Bauwerk herankommt und am rückseitigen Anbau das *Käppele-Lädele* erreicht, einen kleinen Laden mit Café, wo es Devotionalien und Mitbringsel gibt, und das ein kleines, aber feines Angebot

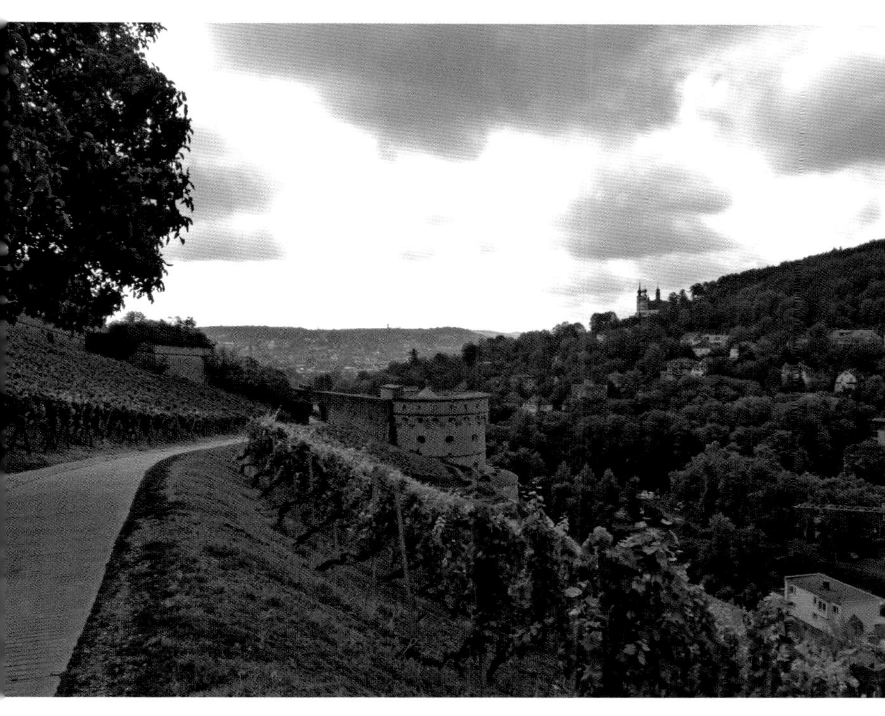

Durch die Weinberge führt der Weg unterhalb der Festung entlang durch die Kasematten und am Maschikuliturm vorbei

an Gebäck und Kaffee hat. Rechts herum kann das Käppele umrundet werden und vom Vorplatz aus eröffnet sich der erste beeindruckende Blick auf die Stadt.

In die barocke Wallfahrtskirche wurde die ursprüngliche kleine Kapelle aus dem 17. Jahrhundert integriert. Geplant hat das der geniale Baumeister Balthasar Neumann, der auch für das Wahrzeichen Würzburgs, die Fürstbischöfliche Residenz (UNESCO-Welterbe) verantwortlich gezeichnet hat. Sehenswert ist aber nicht nur die Architektur, sondern auch die barocke Innenausstattung und vor allem der Mirakelgang, der mit seinen Votivgaben ein eindrucksvolles Denkmal für die fränkische Volksfrömmigkeit darstellt. Erreicht werden kann der Gang über eine Seitentür in der Gnadenkapelle.

Von der Frontseite der Kirche blickt man auf den Stationsweg, den es dann hinabgeht. Normalerweise wird dieser Weg von Pilgerinnen und Pilgern natürlich in die andere Richtung erklommen, wenn die Kapelle das Ziel einer Pilgerreise ist. Sehenswert sind die 14 Kreuzwegstationen allemal, denn der Würzburger Hofbildhauer Peter Wagner gestaltete die Szenen aus dem Leiden Christi aus grünem Sandstein in Beinahe-Lebensgröße.

Nach dem Kreuzweg geht es noch ein Stück weiter, unten angekommen erreicht man am Fuße des Nikolausberges ein Eckhaus, bei dem sich ein Stopp lohnt: Im *Gaumenfreund*, einem kleinen, liebevoll eingerichteten Lädchen, gibt es international ausgesuchte Feinkost und regional produzierte Le-

Von der Frankenwarte aus gibt's zum Abschluss der Tour das Stadtpanorama zu sehen

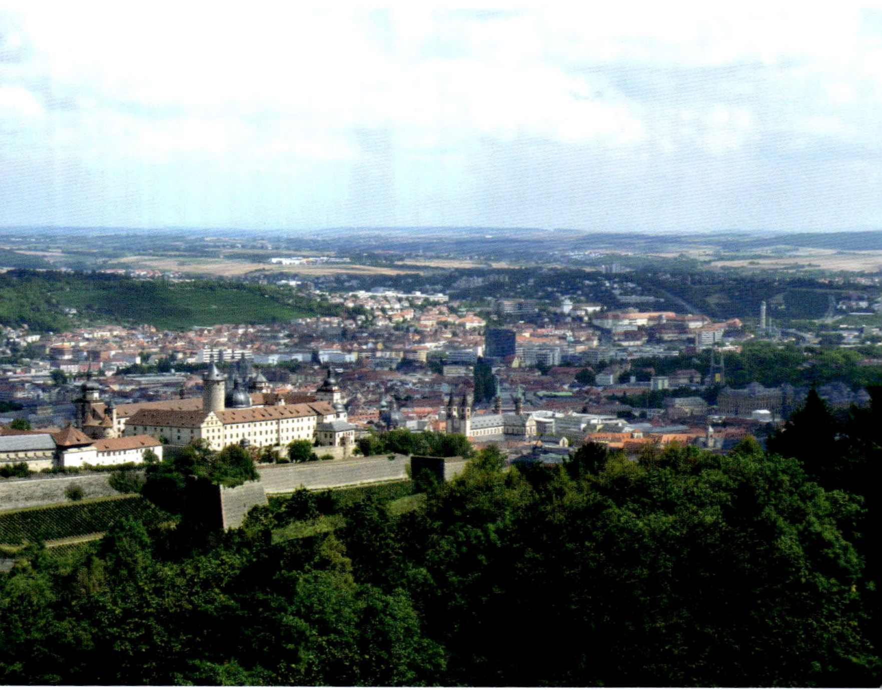

bensmittel, außerdem täglich wechselnde warme Mahlzeiten und Kuchen.

Der Weg führt weiter, an der Jugendherberge und dem neoklassizistischen *Jugendkulturhaus Cairo* (das vormals das Frauenzuchthaus beherbergt hat) vorbei und Richtung St. Burkard oder schlicht **Burkarder Kirche**. Diese trägt den Namen des ersten Bischofs von Würzburg, Burkard (ca. 684–753), der an dieser Stelle im 8. Jahrhundert eine Kloster gründete. Nach einem Brand wurde dann im 11. Jahrhundert mit dem Bau einer neuen Kirche begonnen. St. Burkard besteht aus einem romanischen Langhaus und einem gotischen Querhaus und ist mit Kunstwerken aus unterschiedlichen Epochen ausgestattet – wie dem neugotischen Hochaltar, barocken Seitenaltären oder einer Madonna von Tilman Riemenschneider aus dem ausgehenden 15. Jahrhundert. Seit einer grundlegenden Restaurierung und Neukonzeption 1999/2000 sind auch einige moderne Elemente zu finden, die sich in das Gesamtbild einfügen.

Durch die Weinberge zum Wahrzeichen

An der Rückseite der Kirche gelangt man erst auf einen kleinen Pfad, dann auf einen Weg, der sich durch die Weinberge nach oben schlängelt, immer mit dem nächsten Ziel im Blick: das zweite große Wahrzeichen der Stadt, die Festung Marienberg. Es geht zunächst durch die Weinlage Schlossberg – da unterhalb der Festung gelegen und von der Stadt aus zu sehen, ist er der am meisten fotografierte Weinberg Würzburgs. Die Kasematten, die sich von der Festung allenthalben den Berg hinunterziehen, lassen Durchgänge für den Weg offen; durch den ersten geht es Richtung Südhang zur Weinlage Innere Leiste, neben dem Würzburger Stein eine der Spitzenlagen Würzburgs, deren heißester Bereich den bezeichnenden Namen *Höllenschlund* trägt. Kurz nach dem Durchgang lädt eine schattige Steinbank zum Verweilen ein. Ein steinerner Weggefährte hat es sich hier auch bequem gemacht – es ist Abt Alberich Degen, der dereinst den Silvaner in Franken und weit darüber hinaus bekannt gemacht hat.

Der Weg geht durch die Weinberge – von hier sieht man auf der anderen Hangseite das Käppele zwischen den Bäumen hervorlugen – durch weitere Kasematten und am Maschikuliturm vorbei, einem ehemaligen Befestigungsturm. Eigentlich führt die Wanderung außen an den Mauern der **Festung Marienberg** entlang, doch es wäre ein wirkliches Versäumnis, sich diese Burganlange nicht genauer anzuschauen!

Festung Marienberg, Residenz und Stein-Wein-Pfad

Die Burganlage der Festung ist über die Jahrhunderte gewachsen. Der Weg beginnt bei den jüngsten Wehranlagen aus dem 17. Jahrhundert, wo sich heute der Parkplatz befindet. Man geht dann in der Geschichte der Burg zurück bis zum ältesten Teil, dem Innenhof mit der Marienkapelle und dem Bergfried, in dem noch heute der Kerkerraum für besondere Gefangene zu sehen ist. Daneben das schön gestaltete Brunnenhaus, das das Überleben der Bewohner auch in belagertem Zustand sicherte und in dem sich der Brunnenschacht befindet, der durch den harten Muschelkalk, auf dem die Festung errichtet wurde, bis hinunter auf Mainniveau führt.

Links von der Kirche geht es durch ein schmiedeeisernes Tor in den Fürstengarten, der uns einen weiteren wunderbaren Blick auf die Stadt eröffnet und erahnen lässt, wie wohl die Fürstbischöfe in früheren Zeiten auf ihre Stadt geblickt haben mochten. Im *Museum für Franken* gibt es außerdem kunst- und kulturhistorische Stücke aus der mainfränkischen Geschichte zu sehen. Neben den normalen Führungen werden hier regelmäßig Kinderführungen angeboten, außerdem sind für Erwachsene und speziell für Kinder Audio- und Videoguides vorhanden. Zur Stärkung laden die *Burggaststätten* und an schönen

Tagen der schattige Biergarten ein. In den beliebten Reisemonaten im Frühjahr und Herbst kann es hier zu Wartezeiten kommen.
In Würzburg sollten Sie unbedingt auch die Residenz besuchen, sie wurde als eines der ersten Bauwerke 1981 in die UNESCO Welterbe-Liste aufgenommen. Das imposante Treppenhaus, das einst den 50 DM-Schein zierte, und weitere beeindruckende Räume können Sie auf eigene Faust erkunden. Regelmäßig starten aber Führungen für die Gäste, die ich Ihnen unbedingt empfehlen möchte, denn nur mit einer Führung kommen Sie auch in die südlichen Kaiserzimmer, deren Höhepunkt das Spiegelkabinett darstellt. Auch der Hofgarten, der mit den Nebengebäuden und dem Vorplatz ebenfalls zum UNESCO-Welterbe zählt, ist einen Besuch wert. Im seitlich neben der Residenz angrenzenden Rosenbachpalais ist der *Staatliche Hofkeller* untergebracht, eines der großen Weingüter in Würzburg. Unter der Residenz befinden sich dessen historische Weinkeller, die ebenfalls besichtigt werden können. Im *Hofkeller* kann natürlich auch Wein gekauft werden, ebenso wie in den anderen großen Weingütern in der Innenstadt, *Juliusspital* und *Bürgerspital*.
Für eine weitere Wanderung in Würzburg bietet sich der Stein-Wein-Pfad an, der gut ausgeschildert ist und durch die bekannte Lage *Würzburger Stein* führt. Er beginnt am *Weingut am Stein*, einem architektonischen Highlight, wo ebenfalls Spitzenweine verkostet und gekauft werden können.

Aufstieg zur Frankenwarte

Nach einem weiteren Stück durch die Weinberge wird es wild, es geht durch einen unscheinbaren, fast zugewachsenen Weg unter der vielbefahrenen **Leistenstraße** hindurch und dann auf der anderen Seite den Berg wieder hinauf. Wolfgang Lenz ist Namensgeber für den Weg, der zunächst erklommen wird. Er war ein bedeutender Würzburger Maler und hat bei der Neugestaltung im Rahmen des Wiederaufbaus von Würzburg

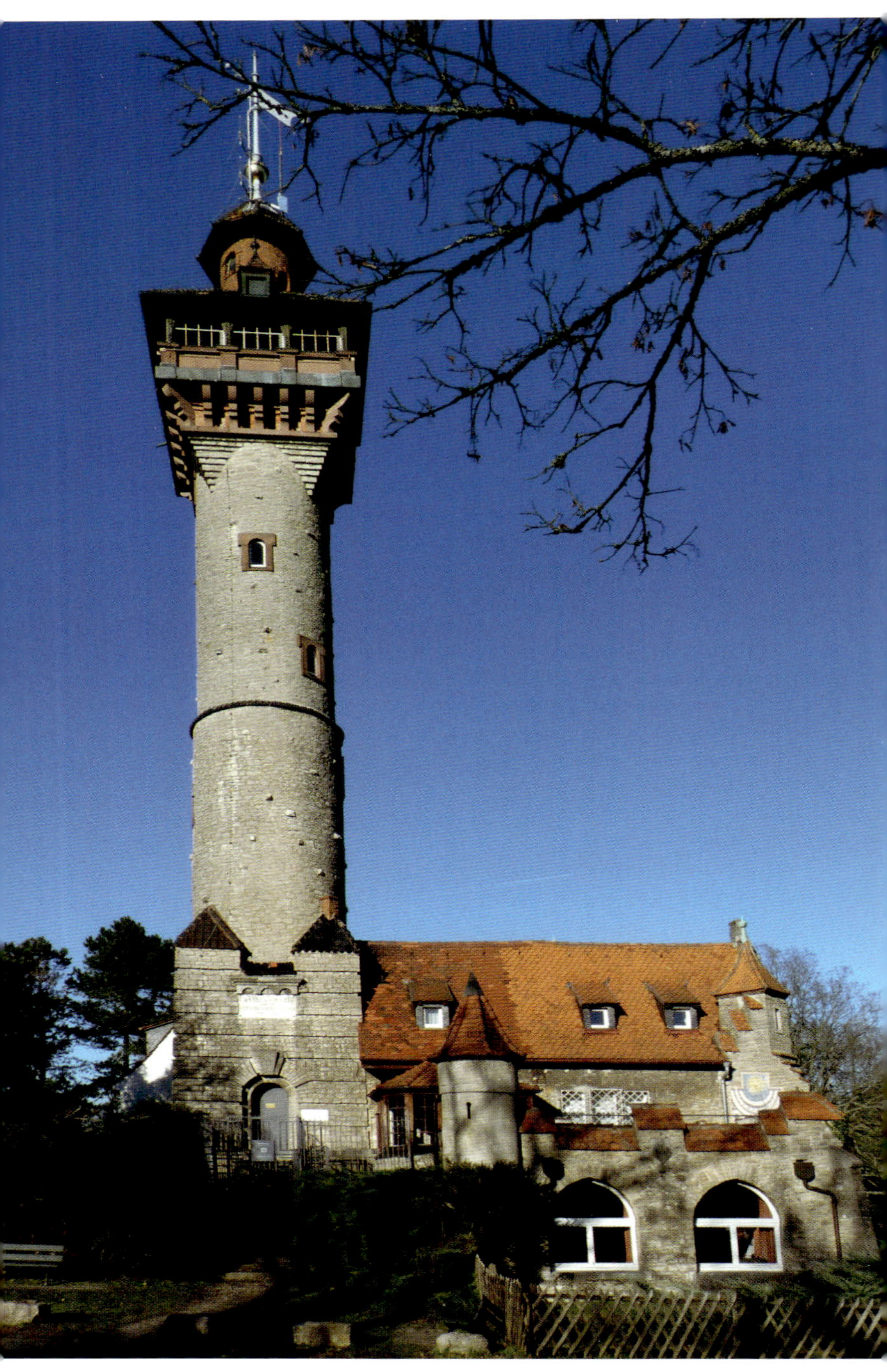

Die Frankenwarte

nach dem Krieg maßgeblich mitgewirkt, so bei der Ausmalung des Ratssaales im Rathaus und bei der Wiederherstellung des Spiegelkabinetts in der Residenz. Würzburgs Innenstadt wurde am 16. März 1945 fast vollständig durch eine Bombardierung zerstört, auch die Residenz wurde schwer getroffen. Umso eindrucksvoller ist die Leistung, die erbracht wurde, um Gebäude und Kunstwerke originalgetreu wiederherzustellen.

Das *Gut zur Neuen Welt* kommt rechter Hand in Sicht, wenn die Route in den **Leutfresserweg** mündet. In diesem Gutshof bildete sich um die Malerin Gertraud Rostosky Anfang und Mitte des 20. Jahrhunderts ein Freundeskreis aus Künstlern und Gelehrten, die hier zeitweise lebten und arbeiteten.

Hat man die letzten Treppenstufen über die Kniebreche bewältigt, folgen schattige Wege zwischen den hochgewachsenen Bäumen an der **Frankenwarte** entlang, der große Aussichtsturm ist durch die Wipfel schon zu sehen. Hier lohnt ein Halt, um nach dem Aufstieg die Stadt vom Turm aus zu betrachten. Der Turm wird vom *Verschönerungsverein* betrieben und hat eine Höhe von 44,5 Metern, auch hier sind wieder Treppen zu steigen, 173 Stufen an der Zahl. Für den Eintritt muss man passendes Kleingeld parat haben, durch das Drehkreuz kommt man nur mit einem 1-Euro-Stück. Von oben hat man mit diesem letzten Blick ein drittes Mal die Chance, die Stadt und die Umgebung aus einer anderen Perspektive zu sehen.

Auf dem letzten Wegstück Richtung Ausgangspunkt befindet sich rechts ein ausgedehnter Spielplatz mit viel Rasenfläche zum Picknicken und Spielen.

Nicole Dietrich

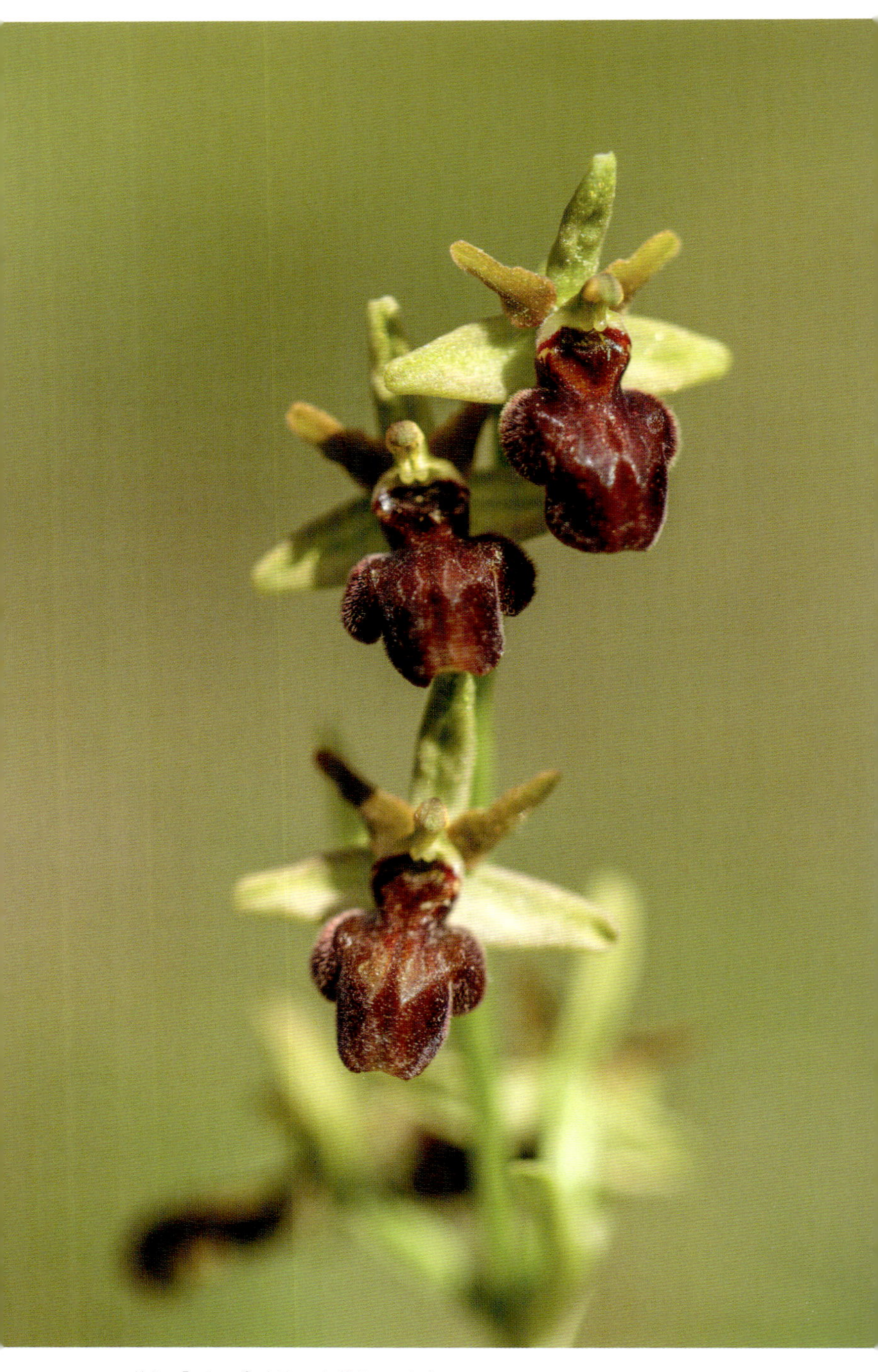

Keine Exoten: Orchideen in Thüngersheim,
hier eine Spinnenragwurz

Höhenzüge mit Trockenrasen, seltenen Pflanzen und Wildkräutern

Tour 11

Wandertour im ZweiUferLand

Grandiose Weit- und »Weinsichten« erwarten uns auf diesem Wanderweg im (fast noch) unentdeckten Norden von Würzburg. Bestens restaurierte Baudenkmäler, die Ihresgleichen suchen, bereichern die Tour und gesellige Winzerhütten laden inmitten der Weinlandschaft zum Genießen ein. Die einzigartige Fauna und der Artenreichtum auf der Höhenlage über dem Main faszinieren jeden Naturkundler. Kalkfelsen, die in der »Luft hängen« begeistern das Auge schon bei der Anreise. Und Weinnasen kommen mit den Rebentropfen, die hier auf Buntsandstein- und Muschelkalkschichten wachsen, ganz besonders auf ihre Kosten.

Strecke: Thüngersheim – Retzstadt – Retzbach – Thüngersheim
Länge: 19 km
Höhenunterschied: max. 250 m
Markierung: *ZweiUferPanoramaweg*, gut ausgeschildert
Einstiegspunkt: Thüngersheim *Gästehaus Wein-Träume* bzw. Grillplatz in den Weinbergen
Anreise mit dem Pkw: Parkmöglichkeit am Grillplatz in den Weinbergen (folgen Sie der deutlichen Ausschilderung ab dem *Gästehaus Wein-Träume*)
Anreise mit öffentlichen Verkehrsmitteln: Zug über Würzburg–Karlstadt–Aschaffenburg, Ausstieg Thüngersheim
Wanderkartenempfehlung: *ZweiUferPanoramaweg*, hrsg. von ZweiUferLand Tourismus, Mainlände 1, Thüngersheim
Wegbeschaffenheit: wenige unbefestigte Naturwege und gepflasterte Wirtschaftswege, etwas Schotter und viel Asphalt; beschränkt geeignet für Kinderwagen und Rollstuhl

Schwierigkeitsgrad: mittel, einige Steigungen und Abstiege

Familientauglichkeit: Der beschriebene Teilabschnitt bietet unterwegs wenig für das Kinderauge, ausgenommen der seltene Fall, die Kinder sind reine Naturfans.

Wetter: Zu jeder Jahreszeit eine Reise wert. Die *Retzbacher Winzerhütte* und das Weingut mit Heckenwirtschaft haben jedoch nur saisonal geöffnet.

Übernachtungstipp:

Gästehaus Wein-Träume, Schulstr. 25/27, 97291 Thüngersheim Tel. 0 93 64/41 77, www.wein-traeume.de

Tipp Kultur u. Baudenkmal:

WeinKulturGaden Thüngersheim
Kirchgasse 2, 97291 Thüngersheim
Beispielhafte Restauration und bestes Ehrenamt haben diesen Ort wieder zum Leben erweckt. Großartig inszenierte Detailinformationen über Thüngersheim und seine Besonderheiten werden hier, in äußerst ansprechend gestaltetem Bauwerk, gezeigt; geöffnet Sa. u. So. 10.00–18.00.

Hier geht's lang

Der *ZweiUferPanoramaweg* ist recht gut beschildert. An der ein oder anderen Wegkreuzung sollte man dennoch genauer hinsehen. Die beschriebene Tagestour ist nur ein Teilstück des gesamten *ZweiUferPanoramaweges* und führt uns als Rundweg von Thüngersheim über Retzstadt und Retzbach zurück zum Ausgangsort. Der letzte Abschnitt von Retzbach nach Thüngersheim ließe sich auch mit dem Zug bestreiten.

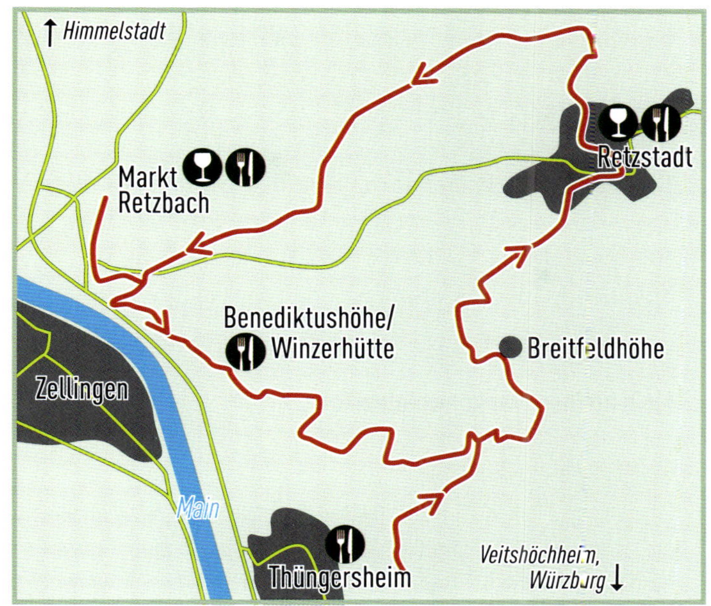

Mein Tipp: Die Kurzversion

Die etwas kürzere und gelenkschonendere Version der Tagestour führt Sie über das ebene Tal der Retz von Retzstadt nach Retzbach und erspart Ihnen somit einen der drei Aufstiege.

Einkehrtipps:

Winzerhütte Heßdörfer, 97225 Retzbach, Tel. 0 93 64/45 67
www.winzerhuette-hessdoerfer.franken-regio.de
Urige Winzerhütte in den Weinbergen zwischen Retzbach und Thüngersheim in grandioser Lage

Landgasthof Zum Bären, Kirchgasse 1, 97291 Thüngersheim
Tel. 0 93 64/72 67, zum-baeren.franken-regio.de
ansprechende, regional geprägte Weinauswahl begleitet die

bestens zubereiteten Speisen des gepflegten Dorfgasthofes mit nettem Service

Weingut Rudolf May: Im Eberstal 1, 97282 Retzstadt Tel. 0 93 64/57 60, www.weingut-may.de Beste Burgunder, aber auch tiefsinnige Silvaner

Weingut Christine Pröstler: Obere Hauptstr. 100, 97225 Retzbach, Tel. 0 93 64/81 78 89 5, www.cpwein.de Spannende Eigenkreationen quer durch die Rebsortenwelt

Mein kleines Frankenweinlexikon

Burgunder in Franken

Chardonnay, Pinot Noir, Pinot Meunier, Frühburgunder, Weißburgunder, Grauburgunder, Auxerrois ... Ja, auch Burgundersorten können die Franken. Dem Klimawandel und dem wachsenden Fachwissen, der nötigen Geduld und der unbändigen Neugier unserer Winzer und der nachkommenden Winzergenerationen ist es geschuldet, dass sich Franken mittlerweile auch mit den international bekannten Burgunderreben einen Namen gemacht hat. Genuss, der sich in den Keller zu legen lohnt, einen guten Burgunder empfiehlt es sich reifen zu lassen. Üben Sie sich also in etwas Geduld! Sie werden in ein paar Jahren schmecken, dass sie sich ausgezahlt hat. Burgunder sind die »Alleskönner« unter den Rebsorten. Egal, ob sie mit ihrer Eleganz – ein Weißburgunder wäre hier mein Favorit – ein feines Menü begleiten, prickelnd als Jahrgangssekt den Abend eröffnen oder ihn als schwergewichtiger Barriquewein – vielleicht ein Chardonnay oder Spätburgunder – ausklingen lassen.

Tipp: Thüngersheim und sein vielfältiges Wanderangebot

Eine schier unendliche Auswahl örtlicher Wanderwege führt rund um Thüngersheim – und direkt zum Wein. Sei es der *Orchideenweg*, der

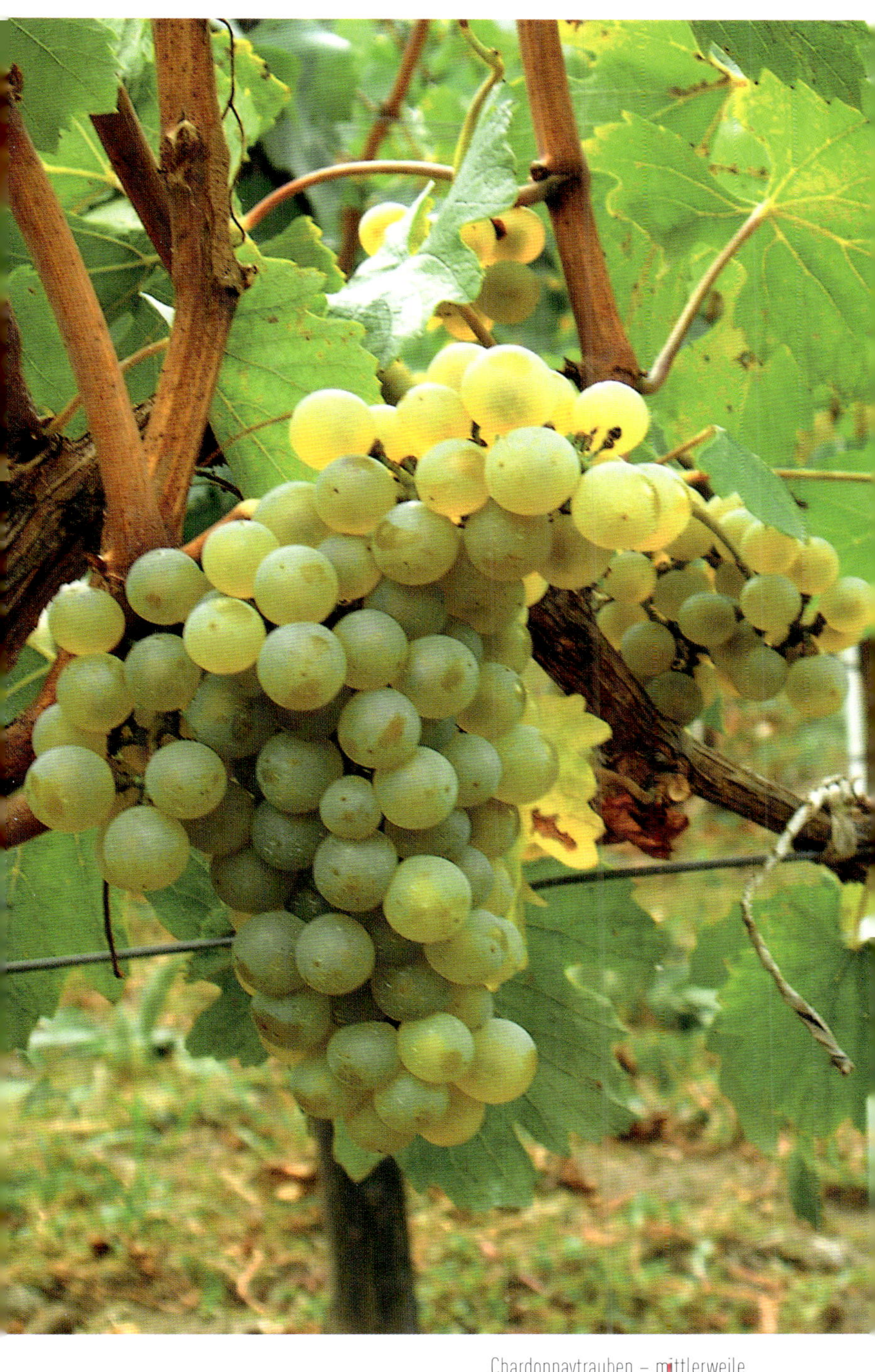

Chardonnaytrauben – mittlerweile
auch in Franken zu sehen

mit seiner einzigartigen Flora und Fauna an der Höhfeldplatte begeistert und zudem tiefe Einblicke in den benachbarten Steinbruch gibt. Der *Mainwanderweg*, der thronend über dem Fluss in wunderschönen Nadelwäldern über den Spitzen der Weinberge verläuft und hier besonders naturnah erscheint. Oder auch der *Spazierweg*, ein in liebevoller Ehrenamtsarbeit gestalteter Wanderweg, der eine Vielzahl an Rastbänken bietet und Gemütlichkeit und Ruhe ausstrahlt.
Für dieses Buch habe ich dennoch eine Etappe des *ZweiUferPanoramaweges* ausgesucht, da er, als Rundweg geplant, eine wunderbare Tageswanderung ermöglicht und auch reichlich Zeit zum Einkehren und Genießen lässt.

Das gibt's zu sehen

Mein Tag auf dem ZweiUferPanoramaweg

Hübsch sind die Zimmer im Gästehaus in **Thüngersheim** mit dem animierenden Titel *Wein-Träume*, das ich mir für meine Reise ins ZweiUferLand ausgesucht habe. Schon beim Betreten des Hauses erreicht mich die Ruhe, die es selbst ausstrahlt, unterstützt und getragen von Gastgeberin Monika Bauer. Gepflegt und mit wohl durchdachten Details gespickt, ist dieses Haus genau das Richtige für eine weinselige Nacht nach der geplanten Wanderung.

Alsbald am Morgen starte ich in die nördlich verlaufende Straße Richtung Grillplatz. Nach dem recht langwierigen Aufstieg von gut einem Kilometer gönne ich mir eine erste Pause an eben diesem Grillplatz. Eine hübsch gestaltete Wald- und Wiesenfläche am Ende der Weinberge, umgeben von Nadelwäldern und Ruheoasen mit Parkbänken.

Über die **Breitfeldhöhe**, mit knapp 400 Höhenmetern einer der höchsten Punkte, führt mich mein Weg in ruhiger

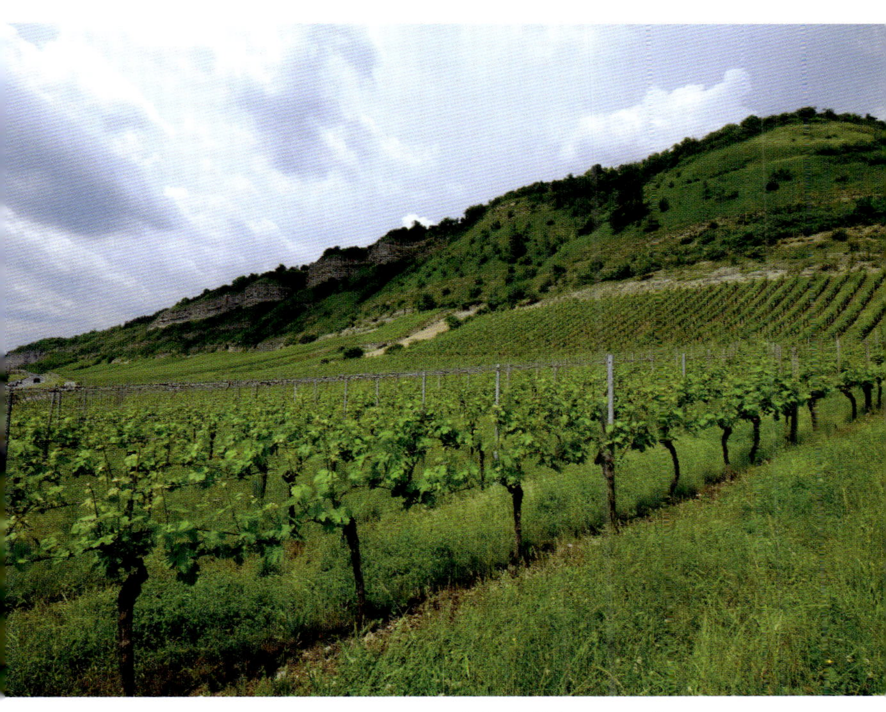

Steil: die Weinberge von Thüngersheim

Einsamkeit neben Feldern und Wiesen über einen Schotterweg nach Retzstadt.

In **Retzstadt** überrascht mich an diesem Julitag ein Regenschauer. Für kurze Zeit verlasse ich also den *ZweiUferPanoramaweg*, entscheide mich für einen Abstecher ins *Weingut Rudolf May* und laufe innerorts in Richtung Retzbach. Die Weinkollektion des biologisch wirtschaftenden Weingutes am Ortsrand hat mich schon vor langer Zeit von seiner Qualität überzeugt. Tiefsinnige Weine finden hier alljährlich den Weg in die Flasche. Feinste Weißburgunder, die Extrakt und Eleganz zugleich vereinen, lagern seit Jahren in meinem Weinkeller – mit bestem Potenzial, dort noch einige Jährchen mehr zu verweilen, bevor sie ihren Höhepunkt erreichen und ein Menü für meine Gäste und mich begleiten werden.

An diesem Tag lasse ich die Kollektion ungeachtet und bitte Frau May um ein Glas Wein ihrer Wahl. Den Regenschauer aussitzend beobachte ich mit meinem Schöppchen Silvaner in der Hand das Treiben im Innenhof des Weingutes. Ein Fest wird vorbereitet. Die Tische sind schon hübsch mit frischen Sonnenblumen geschmückt. Der Wein wird kaltgestellt. Und der DJ legt die ersten Platten zur Probe auf. Nur für mich? Außer dem DJ und mir ist niemand mehr zu sehen, und ich darf mir ein paar Titel von seinen alten Schallplatten wünschen. Klasse. Welch schöne Art, dem Regen zu trotzen.

Bei der Retzbacher Wallfahrtskirche Maria im grünen Tal

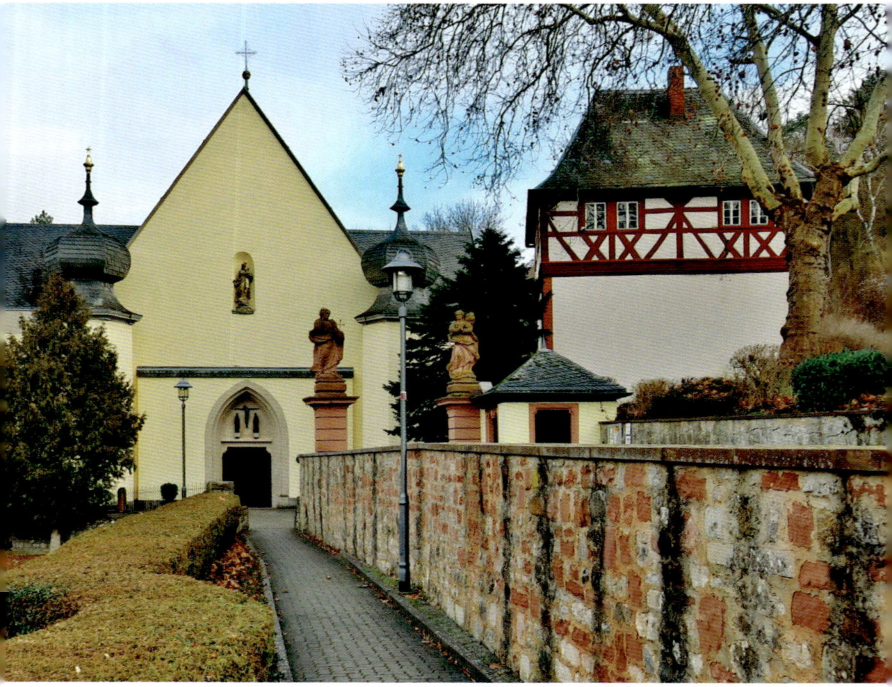

Zurück auf dem ZweiUferPanoramaweg

Der Weg führt mich, der Beschilderung folgend, erneut auf die Höhe. Retzstadt liegt im Tal der Retz, dem kleinen Bach, der es durchzieht. Nacheinander erwandert man erst den einen, dann den anderen Höhenzug, der dieses Tal rahmt.

Der Aufstieg hat sich gelohnt. Blühende Wiesen, wilde Kräuter und eine klare Sicht bis weit in den Spessart offenbaren sich mir.

Der Weg verläuft nun einige Zeit auf dem Gipfel entlang, bevor er kurz vor **Retzbach** talwärts über den Heuweg ins Dorf führt. Aus dem unscheinbaren Wohnhaus mit der Nummer 26 im besagten Heuweg höre ich viele Stimmen. Erst bei genauerem Hinsehen erkenne ich dann den zart gestalteten Hinweis auf das *Weingut Kummer* und die sich in ihm befindende Heckenwirtschaft. Welch schöner Zufall, dass ich nun hier einkehren darf. Deftige Brotzeiten und günstige Schoppenweine werden dem Publikum geboten, das auf der Terrasse mit wunderbarem Blick auf die *Wallfahrtskirche Maria im grünen Tal* Platz nehmen darf.

Die letzte Etappe

Nach einer Stärkung und Entspannungszeit für die Muskeln will ich die letzte Etappe des Weges antreten. Zuvor jedoch besuche ich in Retzbach noch den *Gesundheitsgarten*, der sich direkt vor der Wallfahrtskirche befindet. Die Füße nehmen hier ein Bad im Kneippbecken, die Nase wird verwöhnt vom Duft des Kräutergartens, und wer sportliche Betätigung sucht, darf Boccia spielen auf dem eigens dafür gestalteten Platz. Ein Meditationspavillon und ein hübsch anzusehendes Rasenlabyrinth bieten hier reichlich Raum für Mensch und Natur im perfekten Einklang.

Besinnt und leicht meditativ unterwegs bin ich nun. Meine Weinleidenschaft steigt jedoch erneut in mir hoch, ich kann einfach nicht daran vorbeigehen: Wissend um die guten Weine, nehme ich in Retzbach doch noch den Umweg durchs Dorf in Richtung Thüngen und zum *Weingut Christine Pröstler*. Am Rande der Weinberge hat sich die junge Winzerin einen modernen Würfel gebaut. Das gesamte Weingut ist in Kubusform und ebenerdig gestaltet. Vom Verkostungstresen bieten sich mir gläserne Einblicke in den Barriquefasskeller, indem perfekte Temperierung herrscht. Das Konzept für mich: modern, klar und durchdacht. Und die Weine? Modern, klar und durchdacht! Die Kollektion bietet für jeden etwas. Glasklare Tropfen, verspielte Versuche und klassische Rebsorten auf kargen Muschelkalkfelsen gewachsen. Mein Highlight: der Grauburgunder! Eine Rebsorte, die es bisher in wenigen fränkischen Weinbaubetrieben gibt und hier, bei Christine Pröstler, als feiner Essenbegleiter den Weg vom Weinberg in die Flasche fand.

Es ist später Nachmittag – nun wird's doch Zeit für den Rückweg nach Thüngersheim.

Zurück im Ortskern von Retzbach finde ich wieder meinen *ZweiUferPanoramaweg* mit passender Ausschilderung und folge diesem den Berg hinauf auf die **Benediktushöhe**. Ich wandere vorbei an der Kapelle der Kolpingsfamilie Retzbach, weiter über den obersten Weinbergsweg.

Den Fluss zu Füßen, die Weinberge zur Rechten und heimische Kiefernwälder zur Linken erreiche ich nach drei Kilometern die ausgeschilderte **Winzerhütte** der Familie Heßdörfer. Über schmale Treppen geht's unter die Rebenterrasse; weitere, sehr schmale Treppen führen zur Hütte hinab. Gut besucht ist diese Weinhütte aus Stein inmitten der Weinberge, in der dem Wanderer in der schönen Jahreszeit von April bis Oktober am Wochenende ein guter Ausblick, familiäre Atmosphäre und leckere Weine geboten werden. In der offenen Miniküche werden emsig Brotzeiten angerichtet. Alle Gäste sind bestens gelaunt. Hier rutscht man zusammen. Fast wie bei Freunden am Tisch. Den zweiten Regenschauer des Tages genieße ich, mit zauberhaftem Regenbogen im Blick, unter dem Laub der Rebenterrasse. Ende Juli ist das Rebendach so dicht, und die Trauben sind schon fast ausgewachsen, dass kaum ein Tropfen den Weg hindurch findet.

Auf dem obersten Weinbergsweg führt nun der Wanderweg zurück nach **Thüngersheim**. Begeistert erspähe ich in den Trockenfeldern oberhalb der Weinberge wilden Thymian der verschiedensten Arten in voller Blüte am Wegesrand. Rosa bis blasslila schimmern die Köpfe dieser bodendeckenden Wildpflanze. So eine unglaubliche Fülle an wilden Kräutern am Weinberg habe ich in Franken bisher nur hier in der Region des ZweiUferLandes gefunden. Das ein oder andere Stängelchen wird mich nach Hause begleiten und tags darauf den Weg in den Kochtopf finden. Zum Dessert wird mir der Thymian in meiner Crème brulée gefallen, Oregano soll meinen Salat verfeinern, und die Pimpernelle wird Teil eines feinen Sößchens zum Tafelspitz.

Antje Schmelke-Sachs

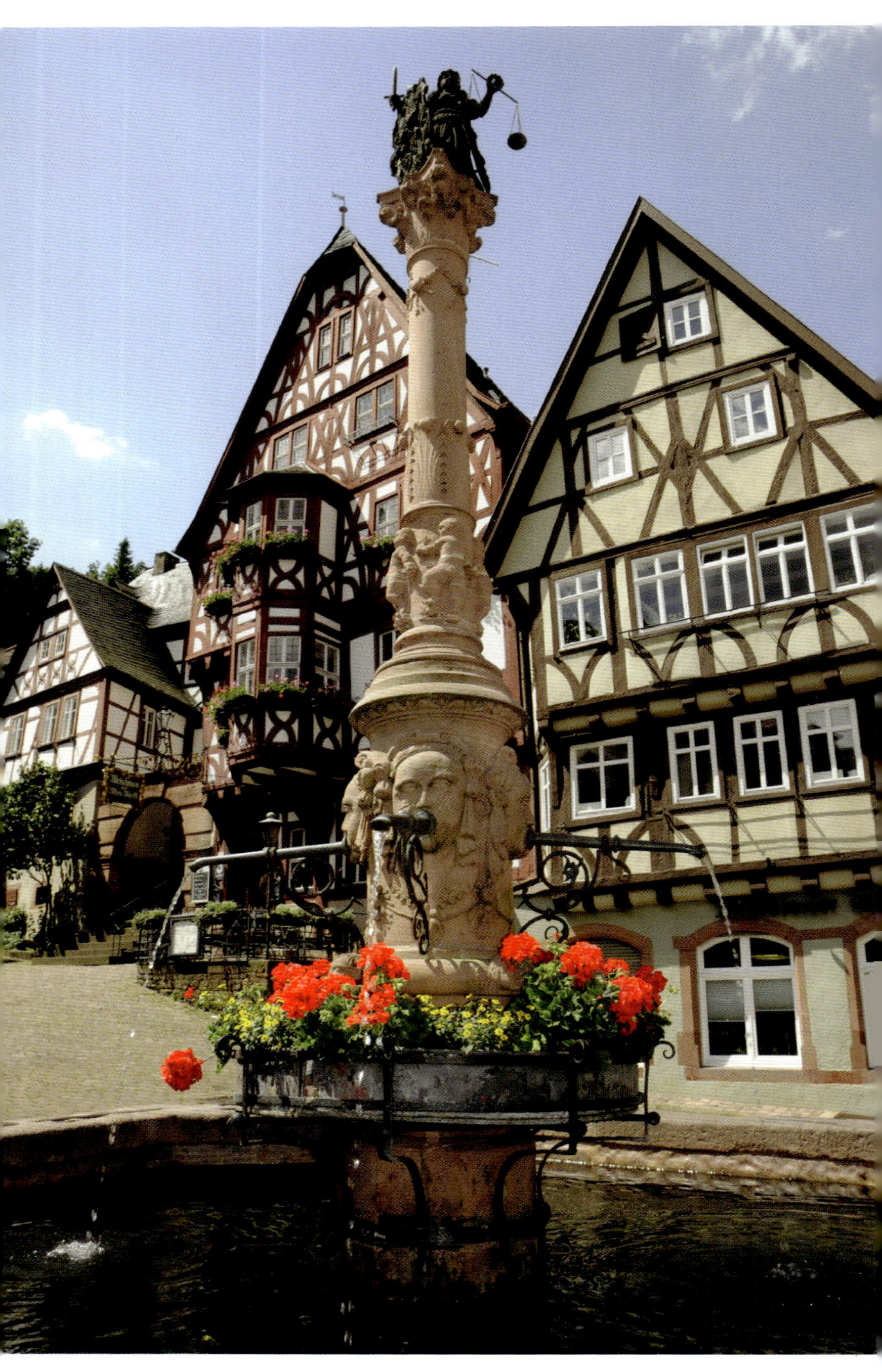

Echte Fachwerkidylle:
am Marktplatz von Miltenberg beim Schnatterloch

Main-Wein-Fachwerk-Tour

Tour 12

Mit dem Rad vom Buntsandstein zum Muschelkalk

Sie haben die Wahl … In drei Tagen mit dem Fahrrad am Main entlang zu touren oder sich vielleicht eine ganze Woche Zeit zu nehmen, für all die sehenswerten Abstecher auf meiner Main-Wein-Fachwerk-Tour. Schon die Städte Miltenberg, Karlstadt und Sommerhausen sind jeweils eine Tagesreise wert. Der Abstecher von Gemünden ins Sinntal, die Tour entlang der Burgen und Ruinen an der Wern und der Abzweig ob der zauberhaften Tauber bei Wertheim machen Ihre Reise wahrscheinlich erst vollkommen.

Strecke: Miltenberg – Bürgstadt – Wertheim – Lohr – Gemünden – Karlstadt – Sommerhausen

Länge: 150 km (einfach)

Höhenunterschied: max. 380 m

Abstecher- und Verlängerungsrouten: *Sinntal-Radweg* ab Gemünden bis Jossa (27 km); *Wern-Radweg* von Wernfeld bis Grafenrheinfeld (50 km); *Taubertalradweg* ab Wertheim bis Rothenburg (101 km)

Markierung: in Deutschland übliche Radwegbeschilderung

Einstiegspunkt: Miltenberg Mainufer, Parkplatz Mainbrücke

Anreise mit dem Pkw: Parkmöglichkeit in Miltenberg beim Parkplatz Mainbrücke am Mainufer

Anreise mit öffentlichen Verkehrsmitteln: Bahn aus Richtung Aschaffenburg; Rückreise ab Bahnhof Winterhausen (gegenüber Sommerhausen) über Würzburg–Aschaffenburg zurück nach Miltenberg

Radkartenempfehlung für die Hauptroute am Main: *Bikeline Radtourenbuch: Main-Radweg: Von Bayreuth nach Mainz*, Freytag & Berndt

Kartenempfehlung für die Nebenstrecken: *Fränkisches Weinland – Liebliches Taubertal, Würzburg – Tauberbischofsheim*, PUBLICPRESS

Wegbeschaffenheit: beste befestigte Radwege

Schwierigkeitsgrad: Unwesentliche Steigungen und Abfahrten, großteils ebener Weg am Main entlang. Die Abstecher sind etwas anspruchsvoller.

Familientauglichkeit: Für sportliche Kinder eine reizvolle Tour. Spielplätze und Sportparcours am Wegesrand bieten Abwechslung.

Wetter: am besten in der Schönwetterzeit von März bis Oktober

Übernachtungstipps:

Weinhotel Oechsle & Brix, Maingasse 3 u. 5, 97286 Sommerhausen, Tel. 0 93 33/2 20, www.oechsle-brix.de
Gelungen restauriertes historisches Gebäude, liebevoll eingerichtet und mit sehr viel Geschmack zum Leben erweckt

Übernachtungstipp Sinntalradweg: *Seehotel Gut Dürnhof*
Burgsinnerstr. 3, 97794 Rieneck, Tel. 0 93 54/10 01
www.mein-hotel.info; ein Ruhepol am See, umgeben von Wiesen-Spazierwegen und viel intakter Natur

Hier geht's lang

Die Radtour am Main entlang und die Abstecher sind mit den deutschlandweit einheitlichen Schildern bestens deklariert. Den Reiz der Route(n) machen die Touren ins Sinntal, entlang der Wern und ob der Tauber aus. Wer mag, kreiert sich eine ganze Urlaubswoche, und kann, je nach Kraft, Energie und Lust, alle Strecken mit der Bahn zum Ausgangspunkt zurückfahren.

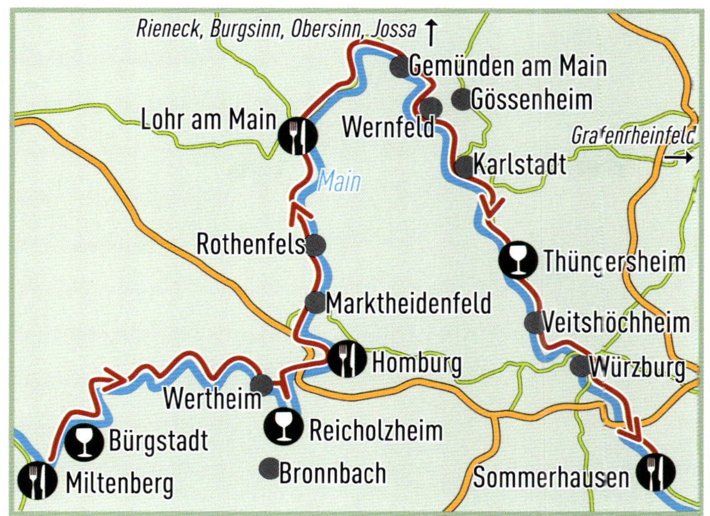

Mein Tipp für Autofahrer:

Sie sind nicht so gut befreundet mit Ihrem Fahrrad? Kein Problem! Als Weinreise- und Wein-Shopping-Tour lässt sich diese auch mit dem Auto wunderbar bestreiten. In Flussnähe befinden sich gute Fahrstraßen, die Sie zu all den hier beschriebenen Genusspunkten bringen.

Einkehrtipps:

Weinhaus Zum Ritter, Rittergasse 2, 97855 Homburg
Tel. 0 93 95/15 06, www.weinhaus-ritter.de
Gute Regionalküche im kleinen Gasthof

Caféhaus Schatztruhe, Hauptstr. 9, 97286 Sommerhausen
Tel. 0 93 33/15 51; beste Backkunst im verwinkelten, kleinen Altstadthaus

Weingut-Tipps:

Buntsandsteinregion am Main:
Weingut Josef Walter
Freudenberger Str. 21–23, 63927 Bürgstadt
Tel. 0 93 71/94 87 66, www.weingut-josef-walter.de
Wunderbare Spätburgunder, gutes Preis-Leistungs-Verhältnis

An der Tauber:
Weingut Schlör
Martin-Schlör-Str. 22, 97877 Wertheim-Reicholzheim
Tel. 0 93 42/49 76, www.weingut-schloer.de
Feingliedrige Burgunder

Am Main, wo Buntsandstein und Muschelkalk aufeinandertreffen:
Weingut Schwab, Bühlstr. 17, 97291 Thüngersheim
Tel. 0 93 64/8 91 83, www.schwab-das-weingut.de
Sensationeller Müller-Thurgau und feine Silvaner

Brauerei-Tipp:

Faust Brauerei, Hauptstr. 219, 63897 Miltenberg
Tel. 0 93 71/9 71 30, www.faust.de

Einkaufstipps:

Für den Sinntalradweg:
SOS-Dorfgemeinschaft Hohenroth (Hofladen u. Café)
97737 Gemünden, Tel. 0 93 54/90 99 20
www.sos-kinderdorf.de/dorfgemeinschaft-hohenroth
Gute biologische Demeter-Milchprodukte und Naturkost

Für den Werntalradweg:
Sauers Ziegenhof
Werntalstr. 23, 97450 Arnstein-Müdesheim
Tel. 0 93 63/7 50, Feine Ziegensalami als Wegzehrung

Einzigartiges aus Frankens Weinwelt – der Bocksbeutel

Die Flaschenform, bei der sich jeder Besucher fragt, wie er sie im Kühlschrank unterbringt. Es ist gar nicht so schwer – jede Flasche findet ihren Platz! Die Form des Bocksbeutels ist jedenfalls unverwechselbar, so wie Franken selbst auch. Reizvoll anzusehen und in jedem Falle mit markantem Inhalt! Ein einzigartiges Aushängeschild, das keine andere deutsche Weinbauregion ihr Eigen nennen darf.
Die Franken sind stolz auf ihren Bocksbeutel, dessen Entstehung bis ins Mittelalter zurückgeht. Bis heute ist nicht vollständig geklärt, wo diese eigenartig geformte Flasche und ihr Name herkommen. Viele Geschichten ranken sich darum. Im Laufe der Jahrhunderte veränderte sich die Form auch immer wieder ein wenig. Bis zum heutigen Tag. Schick und stylisch ist der neue Bocksbeutel PS (s. Bild S. 8). Viele Weinorte haben kleine, oft frei zugängliche Weinbaumuseen, in denen der Bockbeutel oft in vielerlei Ausführung gezeigt wird.

Das gibt's zu sehen

Mein Tag auf der Main-Wein-Fachwerk-Tour

Starten wir die Tour mit einem schnellen Bier beim *Faust*? Ich habe eine bessere Idee: Wir logieren in **Miltenberg**, streifen am Abend durch die hübsche, Fachwerk gezierte Altstadt, kehren gemütlich im Brauereigasthof ein und probieren uns sozusagen »Achtele-Weise« durch die Bierkollektion – im Gasthof gibt's nämlich zünftige Kost und alle Biere auch in hübschen 100ml-Gläsern, die sogar für mich, als Bierneuling, in Anbetracht der Qualität zu klein waren. Und wir starten dann erfrischt und ausgeschlafen am nächsten Tag in unsere von fantastischen Eindrücken begleitete Tour am Main entlang nach Sommerhausen.

Mal schauen, wie weit wir kommen … 150 Kilometer sind sicherlich sportlich. Aber wo steht geschrieben, dass wir die gesamte Strecke an einem Tag bewältigen müssen? Die Faszination der Reise macht für uns nicht die Route selbst aus. Der Main und sein großteils direkt am Fluss verlaufender Radweg wurden bereits vielfach beschrieben, gelobt und gerühmt. Sicher auch zu recht. Meine Idee aber ist eine andere! Ich will nach rechts und links schauen. Sehe vielfach Begeisterndes fürs Auge. Spüre das Herz Berührendes und ja, entdecke auch Genussreiches fürs Bäuchlein.

Unser Ausgangspunkt Miltenberg allein ist schon eine Reise wert. Nette Lädchen mit besonderen Waren. Ob mit Pfeifen, Zigarren, Rum oder Bier. Den Main vor der Haustüre, die Wälder an seinen Hängen und den *Rotwein Wanderweg* oberhalb der Weinberge.

Vielleicht einen Abstecher wert: Kloster Bronnbach

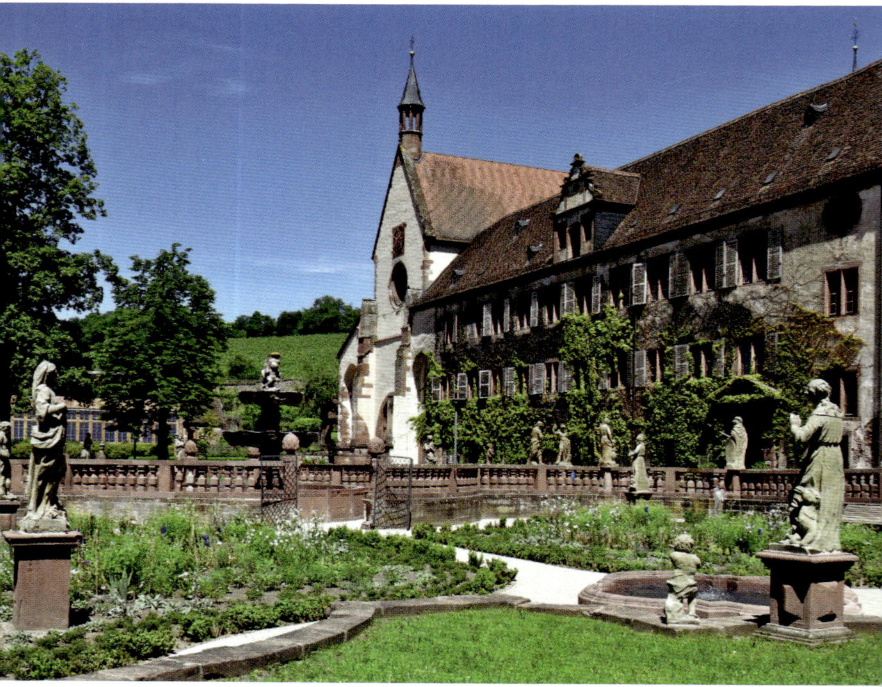

Nun denn … **Bürgstadt** in Churfranken ist unser erstes »offizielles« Ziel. Wenn wir aber jetzt schon, nach nicht einmal fünf Kilometern, im *Bio-Weingut Hench* und beim *Josef Walter* die ersten hervorragenden Weine probieren und im *Restaurant Adler* lecker essen würden, dann wären wir wahrscheinlich eher einem Nickerchen am Mainufer näher als der Weiterfahrt auf dem Radweg.

Fahren wir also durch, vorbei an faszinierenden Buntsandsteinhängen am Ufer. Der Main schlängelt sich weiter, kleinere Örtchen werden durchstreift.

Und schon ist **Wertheim** erreicht. Zeit für einen Kaffee? Lohnenswert ist – zuvor oder anschließend – noch ein Spaziergang am Tauberufer. Der wie verwunschen wirkende, nicht schiffbare Fluss mündet hier in den Main. Ein hübscher Uferweg führt uns ein paar Schritte an seinen letzten Laufmetern entlang. Im nahen Ortskern des ansehnlichen Fachwerkstädtchens, den wir vom Ufer aus erreichen, führen vielerlei gut ausgeschilderte Wege auf die Burg. Oben angekommen haben wir den Über-Blick, im wahrsten Sinne des Wortes.

Mein erster Abstecher entlang der Tauber

Der Tauberradweg wird nicht umsonst »liebliche Tauber« genannt. Egal, wann immer man auf der Tour einen Blick auf den Flusslauf wirft, es wirkt immer entschleunigend. Ob Sie nun nur eine kurze Etappe an dem – nicht ganz ohne Höhenmeter zu bewältigendem – Weg fahren oder bis zu dessen sehenswertem, 125 Kilometer entferntem Ende nach Rothenburg ob der Tauber fahren, die Stimmung an diesem Fluss wird Sie immer wieder aufs Neue verzaubern. Von Wertheim aus führt Sie ein kurzer Abstecher mit nur zehn Kilometern Länge vorbei an **Reicholzheim** und nach Kloster **Bronnbach**, einer 1151 gegründeten ehemaligen Zisterzienserabtei im unteren Taubertal, in der heute sowohl ein Klosterladen und eine Vinothek als auch ein Restaurant seine Türen für Sie öffnen. Übernachten kann man in den beeindruckenden Mauern ebenso.

Zurück am Mainufer in **Wertheim** geht's weiter am Fluss entlang über die Mainschleife bei Urphar Richtung Marktheidenfeld. Wer nicht widerstehen kann, macht einen kleinen Schlenker ins *Wertheim Village* mit seiner auffälligen Architektur im Disneylandstil oder versorgt sich auf der anderen Seite des Kreisverkehrs bei *Art of Chocolate* mit süßem Proviant. Einkäufe im Outlet, die sich unbestritten lohnen würden, sprengen aber ganz sicher den Gepäckrahmen des Transportesels. Das verschieben wir also lieber auf einen anderen Zeitpunkt.

Aber ein lohnenswertes Mittagspäuschen im gut geführten *Weinhaus Zum Ritter* in **Homburg am Main** haben wir uns nach 50 Kilometern dennoch verdient. Spektakuläre Weinberge warten dort am oberen Ortskern auf uns; der Homburger Kallmuth, eine Weinlage von anmutiger Schönheit, allen voran.

Sind sie gut gestärkt? Weiter geht's dann den Main entlang nach **Lohr**, das nach weiteren 30 Kilometern erreicht ist. (Sollten Sie zwischendrin noch die Neugierde verspüren, legen Sie einen kurzen Stopp in der kleinsten Stadt Bayerns – Rothenfels – mit seiner Brauerei *BayerBräu* ein.) In Lohr lohnt sich auf jeden Fall eine kleine Schlendertour durchs Fachwerkstädtchen mit feinstem Eis am Marktplatz, bevor es nach Gemünden weitergeht.

Meine nächste Abzweig-Idee: Nach knappen 90 Kilometern zweigt in Gemünden der Sinntalradweg Richtung **Rieneck – Burgsinn – Obersinn** bis ins circa 30 Kilometer entfernte **Jossa** ab. Im Sinntal blühen Ende April/Anfang Mai die seltenen Schachbrettblumen. Für Pflanzenliebhaber ein Muss! Aber auch der Radweg selbst ist den Abstecher in jedem Falle wert. Er verläuft immer hübsch entlang der seicht verlaufenden Sinn, vorbei an Wäldern und Wiesen. In Rieneck, mit seiner stolz oberhalb der Stadt thronenden Burg, nächtigen Sie gut und nachhaltig im *Gut Dürnhof*. Ein Schwimmbad und eine kleine Sauna werden Ihre Muskeln lockern, und der Blick auf den hauseigenen See beim Abendessen Ihre Augen erfreuen. Der Rückweg nach Gemünden lässt sich auch jederzeit mit der durchs Sinntal fahrenden Bahn bewältigen.

In **Gemünden** fließt die Sinn in die Saale und diese schließlich in den Main. An den Ufern beider Flüsse lässt sich schön flanieren. In der Ruine Scherenburg bieten zudem die gleichnamigen Festspiele von Juni bis August sehenswerte Stücke vor toller Kulisse hoch über dem Fluss.

Das Fachwerkthema zieht sich durch: Lohr am Main

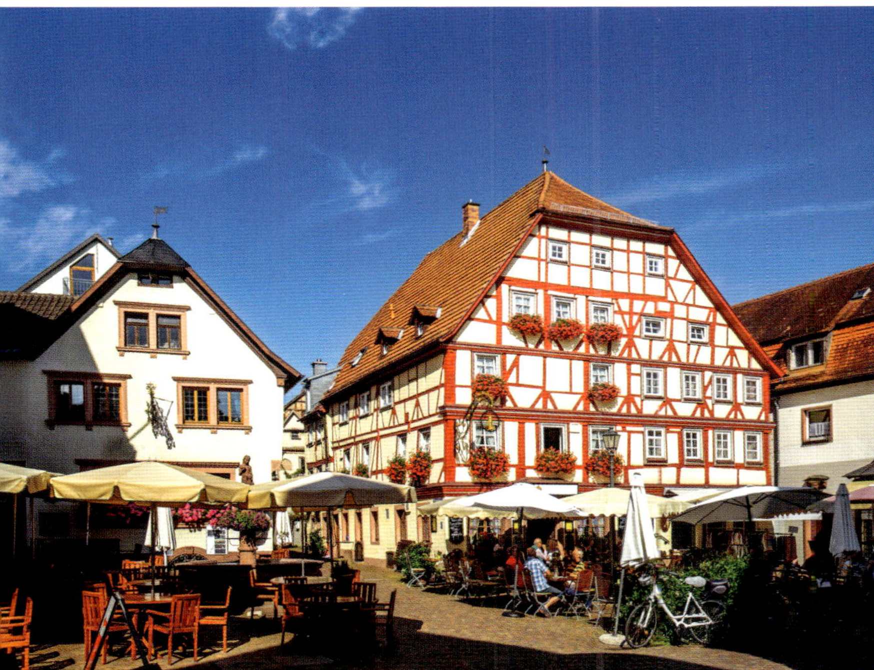

Lust auf einen weiteren Abstecher? Bereits fünf Kilometer nach Gemünden fließt bei **Wernfeld** die Wern in den Main. Hier zweigt der *Wernradweg* ab, der nach 50 Kilometern bei Grafenrheinfeld wieder an den Main führt.

Der *Wernradweg* – Abkürzung?! Querverbindung?! Den Titel dafür dürfen Sie selbst wählen. Mir gefällt der Weg schon allein wegen seiner aussichtsreichen Strecke. Er windet sich, führt auch mal ein kleines Stück bergauf und bergab. Vorbei an seit Jahrzehnten brachliegenden Weinbergen, wild wuchernden Obsthängen, an Schlössern und Bildstöcken.

Eines möchte ich Ihnen dabei besonders an Herz legen: die größte Burgruine Bayerns, die Homburg bei **Gössenheim**. Sie ist nicht nur den Titel, in meinen Augen ist sie vor allem auch sehens-wert. Mit fantastischer Weitsicht, umgeben von einem Naturschutzgebiet und einem der letzten Steppenheidegebiete Unterfrankens, von atemberaubender Schönheit und obendrein noch bewohnt von der Gewöhnlichen Kuhschelle, die von März bis Mai in ihrer lila Blüte steht. Der zweieinhalb Kilometer lange Aufstieg zur Burg, den Sie sehr gut mit dem Rad (circa 120 Höhenmeter) absolvieren können, wird hoffentlich zudem belohnt mit einer Einkehr beim *Schoppen-Franz*, sofern der Pächterwechsel gut erfolgt ist.

Zurück auf dem Mainradweg

Von Wernfeld bis **Karlstadt** ist es nur ein Katzensprung von knapp elf Kilometern, und das nächste Städtchen mit Fachwerkhäusern, eines schöner als das andere, erwartet Ihren Besuch.

In Karlstadt muss man Platz nehmen. Hier sitzt man in der Fußgängerzone unweit des Mainufers einfach zum Schauen und Träumen. Reichlich Möglichkeit dazu bietet sich auch in der Vielzahl an Eisdielen und Gastwirtschaften. Gekrönt wird dies von einer Melodie, die mehrmals täglich aus dem alten

Rathausgiebel dröhnt. Das Schwedenmännle und seine Trompete spielen ihr Lied.

Auf dem Rückweg vom Marktplatz zum Mainradweg können Sie am Flussufer einen Blick auf die gegenüberliegende Ruine Karlsburg werfen. Wer sportlich ist, besteigt sie!

Vorbei an **Thüngersheim** (s. S. 133) mit seinen imposanten Weinlagen Johannisberg und Scharlachberg, führt uns der Weg nach 19 Kilometern nach **Veitshöchheim**. Hier lädt insbesondere einer der schönsten Rokokogärten Europas zu einem Besuch ein.

Mein Tipp für sportliche Radler

Die Weinbergslagen von Thüngersheim lassen sich ab Retzbach auch durchfahren. Folgen Sie innerorts der Ausschilderung zur *Winzerhütte* (von April bis August am Wochenende bewirtschaftet, s. S. 135) und weiter der Sicht nach Richtung Thüngersheim. Der Weg führt Sie auf Wirtschaftswegen eine nennenswerte Steigung in die Weinberge hinauf und ebenso wieder hinunter.

Vorbei an Würzburg, das ohne Frage auch immer eine Reise wert ist (s. S. 117), erreichen wir nach rund 22 Kilometern nun schlussendlich **Sommerhausen** mit seinen auf Muschelkalk wachsenden Reben.

Ein Ort, in dem Wein, Kunst und Kultur miteinander vereint werden, wie in kaum einem anderen. Ein Juwel am Wegesrand vor den Toren Würzburg! Enge Gassen säumen die komplett erhaltene Stadtmauer. Zahlreiche historische Gebäude. Ein Theater am Turm. Ein Kulturkeller im Vogelhaus. Weingüter mit feinsten Steillagen-Tröpfchen. Galerien in Hülle und Fülle. Und das Gourmet-Restaurant mit Sterneauszeichnung nicht zu vergessen.

Verweilen Sie noch ein paar Tage? Allein schon der Weg hinauf zum Aussichtpunkt »Terroir f« lohnt. Traumsicht garantiert.

»Terroir f« nennen die Franken übrigens ihre Weitsicht-highlights inmitten der Weinberge. Fast jeder Ort mit großer Weinlage hat, meist auf seinem höchstem Punkt, einen solchen Ausguck. Künstlerisch gestaltet und mit informativem Inhalt zu einem stets besonderen Weinthema.

Antje Schmelke-Sachs

Weinfranken-Quiz*

1. **Welcher dieser Weinorte befindet sich an der Südspitze des Maindreieckes?**

   a) Würzburg

   b) Marktbreit

   c) Castell

2. **Welche Schreibweise ist richtig?**

   a) Sylvaner

   b) Silvaner

   c) Beide sind korrekt

3. **Welche Orte verbindet der Weinparadiesweg?**

   a) Weigenheim und Nenzenheim

   b) Iphofen und Castell

   c) Volkach und Sommerach

4. **Wo befindet sich die 2012 erstmals gekürte schönste Weinsicht Frankens?**

   a) Rödelsee

   b) Volkach

   c) Castell

5. **Was wird in Franken als »Terroir f« bezeichnet?**

   a) So heißen die besonderen Orte Weinfrankens in der Weinlandschaft mit Wein- und Weitblick.

   b) Die Franken bezeichnen mit »Terroir f« ihre Silvanerweinberge.

   c) »Terroir f« sind die besten Trauben eines jeden Jahrgangs.

6. **Nordheim, Sommerach und Hallburg – wie wird die Region rund um diese drei Orte am Main genannt?**

   a) Mainberg

   b) Mainhügel

   c) Maininsel

7. **Was bezeichnet die »Obereisenheimer Höll«?**

   a) Eine alte Sage um die Entstehung des Bocksbeutels

   b) Eine Weinlage

   c) Eine bestimmte Temperatur bei der Weinherstellung

8. **Wie heißt der Berg im Steigerwald, an dem sich die Weinberge von Iphofen, Castell und Wiesenbronn verbinden?**
   a) Schwanberg
   b) Weinparadiesberg
   c) Vogelsberg
9. **Nordheim und Escherndorf sind zwei berühmte Weinorte an der Mainschleife. Was liegt zwischen den beiden Orten?**
   a) Wald
   b) Fluss
   c) Berg
10. **Was ist eine »Weinbergstulpe«?**
    a) Tatsächlich eine Pflanze
    b) Eine besondere Glasform zur Verkostung
    c) Ein Werkzeug für die Arbeit im Weinberg
11. **Was ist der Unterschied zwischen Rivaner und Müller-Thurgau?**
    a) Es gibt keinen.
    b) Ersterer ist ein roter, Zweiterer ein weißer Wein.
    c) Rivaner wird aus Äpfeln und Müller-Thurgau aus Trauben hergestellt.
12. **Ein Winzer öffnet seine Stube als saisonale Gastwirtschaft. In Franken wird dies als »Heckenwirtschaft« bezeichnet. In verschiedenen Regionen nennt man es anders. Welche Bezeichnung dafür gibt es nicht?**
    a) Straußenwirtschaft
    b) Besenwirtschaft
    c) Bullenwirtschaft
13. **Welche Eigenschaft haben Grüner Veltliner und Silvaner gemeinsam?**
    a) Beide Rebsorten bringen Weine hervor, die sich hervorragend als Essensbegleiter eignen.
    b) Beide haben weltweit einen großen Marktanteil.
    c) Silvaner und Grüner Veltliner sind zwei Rebsorten, aus denen kein edelsüßer Wein erzeugt werden kann.
14. **Wie heißt sie älteste Weinstadt Frankens?**
    a) Volkach

b) Hammelburg

c) Würzburg

15. Wie heißt die Wallfahrtskirche an der Mainschleife, die durch den Diebstahl der Riemenschneider-Madonna berühmt wurde?

a) Jutta im Weinberg

b) Maria im Weingarten

c) Silvana im Rebgarten

16. Bei welchem Ort liegt die sogenannte Rotweininsel?

a) Gemünden

b) Röttingen

c) Wiesenbronn

17. Die Volkacher Mainschleife ist eine der bekanntesten Weinregionen Frankens. Wie heißt ihre berühmteste Weinbergssteillage?

a) Escherndorfer Lump

b) Sommeracher Katzenkopf

c) Obervolkacher Landsknecht

18. Wo steht der wohl älteste deutsche, ca. 350 Jahre alte Rebstock?

a) Großlangheim

b) Ramsthal

c) Castell

19. Welche Besonderheit findet man am höchsten Punkt der Maininsel?

a) Dort steht jeden Sonntag ein anderer Winzer und beschenkt die Besucher zur Belohnung mit einem Glas Silvaner.

b) Inmitten der »Insel« in den Weinbergen ist ein kleiner Grashügel, der einen 360°-Umblick auf die Region ermöglicht.

c) Dieser Punkt ist eingezäunt und darf als Gefahrenzone nicht betreten werden.

20. Was ist die geolog. Besonderheit der Thüngersheimer Weinberge?

a) Sie befinden sich an einer Art Sandstein-Steilküste zum Mittelmeer.

b) Direkt daneben wird seltenes Erdöl abgebaut.

c) Hier befinden sich zwei der geologischen Formationen der fränkischen Trias auf engstem Raum unmittelbar nebeneinander.

* *Die Lösungen zu allen Fragen finden Sie auf S. 160 und auch innerhalb der einzelnen Kapitel!*

Quiz-Lösungen:

1. Antwort b) Marktbreit
2. Antwort c) »Silvaner« ist vielleicht gebräuchlicher, aber tatsächlich sind beide Schreibweisen richtig.
3. Antwort a) Weigenheim und Nenzenheim
4. Antwort c) Gemeint ist hier der Schlossberg oberhalb Castells.
5. Antwort a) Solche besonderen Orte in der Weinlandschaft (aktuell zählen 17 Punkte dazu) sind u. a. zu finden in Iphofen, Frickenhausen, Volkach und Sommerhausen.
6. Antwort c) Maininsel
7. Antwort b) Eine Weinlage
8. Antwort a) Schwanberg
9. Antwort b) Der Main trennt die beiden Orte, die Überquerung erfolgt mit einer Fähre.
10. Antwort a) Die wilde Weinbergstulpe ist die einzige wild in Deutschland vorkommende Tulpenart. Zu finden ist sie z. B. in den Weinbergen von Gau-Odernheim, Castell und Randersacker.
11. Antwort a) Die beiden Begriffe sind Synonyme.
12. Antwort c) Bullenwirtschaft ist frei erfunden.
13. Antwort a) Beide Rebsorten bringen Weine hervor, die sich hervorragend als Essenbegleiter eignen. Die schwereren Weine unter ihnen sind sogar hervorragend als Begleiter zu dunklem Fleisch einsetzbar, frei nach dem Motto: Es muss nicht immer Rotwein sein.
14. Antwort b) Hammelburg
15. Antwort b) Maria im Weingarten
16. Antwort c) Wiesenbronn
17. Antwort a) Escherndorfer Lump
18. Antwort c) Der Rebstock wächst immer noch (vor dem Gebäude des Casteller Archivs) und trägt jedes Jahr Trauben.
19. Antwort b) Bei schönem Wetter kann man von hier bis in die Rhön und den Steigerwald sehen.
20. Antwort c) Durch eine tektonische Verwerfung ist der Buntsandstein durch die Schicht des unteren Muschelkalkes gebrochen.